# PENSÉES DIVERSES SUR L'HOMME.

# PENSÉES
# DIVERSES
## SUR
# L'HOMME.

Par M.e Secquete

A PARIS,

Chez NYON fils, Quai des Augustins, près le Pont saint Michel, à l'Occasion.

M. DCC. XXXVIII.

*Avec Approbation & Privilege du Roy.*

# PREFACE.

LA plûpart des Sujets s'usent à force d'être traités, parce qu'ils ne sont susceptibles que d'un certain nombre de combinaisons, & qu'ils ne fournissent au raisonnement qu'une étenduë limitée, au-delà de laquelle il faut que l'esprit cesse d'operer : à moins que l'on ne veüille tomber en des répétitions ennuyeuses pour le Lecteur, & par conſéquent peu honorables pour l'Ecrivain.

De toutes les Matieres qui peuvent s'offrir à nos reflé-xions, il n'y en a, abſolument parlant, qu'une ſeule qu'on doive excepter, & qui puiſſe être regardée comme inépui-ſable par elle-même ; c'eſt celle qui roule ſur la connoiſ-ſance de l'homme. Dans le tableau general de cet Univers, chacun forme, pour ainſi dire, une nuance particuliere qui ne reſſemble à aucune des autres couleurs ; & ſouvent le même homme eſt un com-poſé de pluſieurs de ces nuan-ces ſi mal aſſorties l'une avec l'autre, qu'on a peine à concevoir comment elles peuvent ſe trouver raſſemblées dans un même ſujet. Auſſi peut-on être juſtement étonné qu'il y ait eu des Auteurs qui ayent entrepris de tracer le parallele d'homme à homme, dans l'idée de trouver entre un homme & un autre, quelque point de reſſemblance exacte. C'eſt ce qu'un peu d'attention ſur ces ſortes d'ouvrages développe aiſément. Pour moi quand j'ouvre Plutarque, qui a cherché à rapprocher certains caracteres, j'avoue que je ne retrouve jamais dans deux hommes, ni les mêmes vices ni les mêmes vertus. Et en remontant auſſi loin que la lumiere de l'histoire peut le permettre, j'ai toujours crû voir chaque génération d'hommes différente de celle qui l'avoit précedée & de celle qui la suivoit. Dans chacune même de ces générations en particulier, il ne s'est offert à mes yeux que des caracteres de dissemblance, & aucuns de ressemblance assez précis pour pouvoir dire, qu'un tel homme a été aussi bon ou aussi mauvais, aussi courageux ou aussi foible, aussi sensé ou aussi insensé qu'un tel autre; & ainsi de toutes les qualitez sans nombre, par lesquelles on peut comparer un homme à un autre homme.

Prenant enſuite chaque homme en particulier, il faut convenir que quelque effort de génie qu'on ait pû faire, quelque combinaiſon qu'on ait formée des actions des hommes connus & illuſtres, on n'a fait autre choſe que d'en préſenter l'écorce. Tel n'a pas été auſſi grand ni auſſi vertueux qu'il nous paroît ſur la foi des Hiſtoriens, parce que ce n'eſt point l'action qui définit l'homme, mais ce qui en a été le mobile. Or nous n'en pouvons pas avoir une connoiſſance exacte ; ce n'eſt que par conjecture que nous en pouvons juger. Et comme tout eſt comparaiſon, il arrive ſouvent qu'un homme qui nous paroît grand, ne doit cette opinion qu'au peu de valeur des ſujets que le parallele rapproche de lui. Mais ſans ſe livrer à un raiſonnement vague & ſans remonter plus haut qu'à la claſſe de nos Contemporains, il ſemble que rien ne demontre mieux cette verité de la diſſemblance des hommes entre eux, que ce qui arrive tous les jours ſous nos yeux : par exemple, en matiere d'eſprit. Parmi nous il n'y a pas un ſeul homme de qui quelqu'autre ne diſe, *c'eſt un homme d'eſprit* : comme il n'y en a point à qui tous les autres accordent cette qualité. La raiſon en eſt, qu'il n'y a pas un homme qui n'ait un genre d'eſprit different; & ce diſcours eſt une preuve, que tous n'en ont pas également. Un homme qui me ſemble un grand génie, en paroîtra un fort médiocre à un autre homme qui me ſera fort ſuperieur, & cela indépendamment de la facilité plus ou moins grande, qu'on peut avoir à ſe laiſſer ébloüir ou ſéduire. La diſſemblance s'étend juſques ſur les qualitez du cœur, car ſi l'on excepte ceux dont la vie eſt marquée par quelque tache, il n'y a auſſi perſonne de qui quelqu'un ne diſe, *c'eſt le plus honnête homme du monde*. Cette eſpece d'exageration (car c'en eſt une, & de celles qu'on devroit le plus éviter dans la ſocieté,) ne peut venir que des differens degrez qui ſe trouvent dans la façon plus ou moins délicate, dont les hommes penſent. Un homme médiocrement ſcrupuleux exaltera une action, qui, quoique bonne en elle-même, ne paroîtra cependant que très-ordinaire à quelqu'un qui portera les principes de la Morale juſqu'à la ſeverité la plus épurée. Les hommes ne ſont donc jamais à un degré parfait de reſſemblance entr'eux, ni du côté des ſentimens, ni du côté des talents.

Après tout, les Ouvrages qui ont paru dans le genre de paralleles, ne doivent pas être estimez inutiles à l'instruction ; ce sont des especes d'Oeuvres Polémiques, dont la lecture faite avec méditation accoutume à réfléchir sur la nature de l'homme. Tel Auteur dont la façon de penser ne s'accorde pas avec la mienne, me donne cependant quelquefois des ouvertures pour rectifier mes jugemens, ou pour étendre les opérations de mon esprit, ou pour multiplier les combinaisons dont il étoit capable. Mais ces sortes d'Ouvrages pour être lûs avec fruit, ou pour mieux dire, ſans danger, exigent plus de diſcernement que d'autres ouvrages, parce que rien ne peut être plus nuiſible à l'homme, que de prendre de faux principes ſur ce qui concerne la connoiſſance de lui-même & de ſes pareils. De-là dépendent le bonheur de la vie, la réputation, & ſouvent la fortune, ſur-tout pour ceux qui ayant inſpection ou commandement ſur un nombre d'hommes grand ou petit, ne ſont en état d'en faire un bon uſage pour la ſocieté, qu'autant qu'ils ont une juſte connoiſſance des qualitez & des talens des particuliers. Quelqu'attention même que l'on puiſſe y apporter, il n'arrive que trop ſouvent, qu'on ſe trompe dans l'emploi que l'on fait des talens des hommes, ſoit parce que les hommes ne ſont pas toujours tels qu'ils nous paroiſſent, ou parce qu'ils ne ſe reſſemblent pas tous les jours à eux-mêmes.

La premiere ſource de ce genre d'erreur ou de mécompte, eſt vraiment dans l'humanité & dans l'ignorance de ſoi-même, qui eſt communément la cauſe du peu de connoiſſance que l'on a des autres; la raiſon qui eſt le flambeau de l'homme, eſt ſujette à des moments d'affoibliſſement; ainſi que nous voyons les corps lumineux obſcurcis de tems en tems par la rencontre de quelque corps opaque. Si donc on eſt trompé une fois, il ne faut pas renoncer pour cela à l'eſperance de rencontrer plus juſte une autre fois, & il faut tâcher ſeulement par un retour ſenſé ſur ſoi-même, de profiter d'une premiere mépriſe, pour ſe méprendre dans les autres occaſions ou moins groſſierement ou moins facilement. C'eſt ainſi qu'il en faut uſer, ſur-tout dans ce qui intereſſe le choix de nos amis. Car il arrive ſouvent qu'on s'y méprend, & qu'après avoir été long-temps dans la confiance, on s'apperçoit enfin de ſon erreur, & de la perte du temps, & des ſoins employés pour acquerir un ami ſolide. Seroit-il raiſonnable pour cela de renoncer à en former de nouveaux, en prenant les précautions néceſſaires pour n'être pas une ſeconde fois la victime ou de ſa propre foibleſſe, ou de l'artifice d'autrui.

Un des plus ordinaires éloges que l'on donne à ceux qui ont vécu long-temps dans le monde, c'eſt de dire, qu'ils connoiſſent bien les hommes. En verité c'eſt un éloge communément bien gratuit, & une propoſition bien générale. Diſons qu'ils ont pû connoître pluſieurs hommes, & acquerir par l'experience un tact plus fin, pour juger de la valeur ou du prix de leurs pareils. En effet plaçons ces mêmes hommes qu'on loue, dans quelqu'autre partie du monde, ou ſuppoſons les pour un moment, ſi cela ſe pouvoit, tranſportez dans un Siecle different de celui dans lequel ils ont vécu : j'oſe aſſûrer que s'ils ſont de bonne foi, ou s'ils ſe connoiſſent aſſez bien pour ſe faire juſtice à eux-mêmes, ils s'avoüeront inferieurs en bien des occasions, aux éloges qu'on leur donnera.

Si quelque chose pouvoit me faire penser que j'eusse fait quelque progrès dans la connoissance de moi-même, c'est que libre, au moins en ce point, de toute yvresse & de tout retour de l'amour propre, je me rends à moi-même le témoignage, que malgré tous mes soins pour parvenir à connoître les autres, je n'y ai encore réussi que bien imparfaitement; aussi n'est-ce pas à titre de connoisseur en ce genre, que j'ai entrepris ce petit ouvrage, ni dans la presomptueuse idée, que j'instruirois beaucoup mes Lecteur s. Mais s'il eſt vri, comme on ne peut en douter, qu'il y ait quelque profit à tirer de cette eſpece de méditation, je ſuis loüable de m'y être attaché pour moi-même; & s'il en peut réſulter quelque ſorte d'utilité pour ceux qui voudroient méditer à leur tour; je me croi excuſable du moins de communiquer au Public les idées qui me ſont venuës ſur cette matiere. En effet, il n'eſt aucun genre d'ouvrage qui puiſſe avoir le mérite d'être utile ou néceſſaire à tout le monde, ſans aucune exception. Il eſt toujours dans la ſocieté, quelqu'un qui en ſçait plus que l'homme qui rassemble le plus d'érudition dans un Livre, mais comme la classe des gens instruits est certainement la moins nombreuse, tout homme qui a quelque acquis, peut sans devoir être pour cela taxé d'amour-propre, se flatter de trouver plus de gens qui lui diront *je vous remercie*, que de gens en état de lui dire, *nous sçavions tout cela & plus.*

Non que je veüille me mesurer avec un * Ecrivain Anglois Moderne qui a donné un Essai admirable sur l'homme : j'aurois trop lieu de craindre le sort d'Icare ; mais la

* M. Pope.

lecture de cet Essai quelque court qu'il soit m'a fait sentir que du plus au moins, tout homme en écrivant sur ce même sujet, peut être utile à un autre homme. Si cet Essai contient, comme je le crois, des opinions singulieres & singulierement developées, peut-être même des pensées un peu hazardées, il me semble au moins qu'à mesure que l'on avance dans cette lecture, l'esprit se trouve plus disposé à se déveloper & à produire de nouvelles idées plus lumineuses que l'Essai même qui cependant en est veritablement la source. Je ne le nommerai qu'un Canevas, parce qu'effectivement il me paroît que c'est une pure ébauche, dans laquelle on peut aisément trouver la matiere d'un long & vaste ouvrage. Je conçois que la lecture de celui-ci pourra être fort inutile à ceux qui auront eux-mêmes réfléchi plus profondément que l'Auteur ; mais il pourra servir à ceux qui auront négligé de travailler sur eux-mêmes. Si un homme sensé estime le temps de sa vie bien rempli quand il a acquis un seul ami solide, je crois qu'il est permis d'avoir quelque satisfaction de soi-même, si l'on peut se rendre le témoignage, d'avoir été utile à un seul de ses pareils.

L'objet de mes *Pensées diverses* a roulé sur l'homme relativement à lui même & à la societé, ce qui forme les deux parties de l'ouvrage. L'ordre des pensées diverses dans chaque partie indiquera de lui-même la subdivision, dont chacune est susceptible. Communement ceux qui travaillent sur ce même fonds, se rappellent à eux mêmes des objets vivants, dont ils tirent les principaux traits qu'ils placent sur la toile, mais je ne pense pas que ce soit une bonne méthode. La Copie se ressent toujours de l'Original, & cela s'appelle peindre les hommes tels qu'ils sont, mais non pas tels qu'ils devroient être en remontant juſqu'à leur origine, & en ſe portant juſqu'à l'objet de leur fin. C'eſt à cette derniere méthode que je me ſuis attaché, oubliant dans ce moment tous les individus exiſtans, que malgré tous mes ſoins, je n'aurois peut-être peint qu'avec adulation ou qu'avec humeur. Je n'ai donc ſongé à faire le portrait de perſonne en particulier, mais ſeulement à me peindre à moi-même l'homme en général, pour m'accoutumer à connoître ce qu'à la rigueur il doit faire, pour remplir l'objet de ſon origine & celui de ſa fin. C'eſt dans cet eſprit uniquement, que je demande à être lû, ſans prétendre d'autre éloge, que celui qu'on doit à tout homme, qui jaloux de l'opinion reſpectable du Public, croit ne pouvoir trop travailler ſur lui-même, pour la mieux mériter.

# PENSÉES DIVERSES SUR L'HOMME.

## *PREMIERE PARTIE.*

I. CE seroit vouloir tenter une chose impossible, que d'entreprendre de définir l'Homme ; je ne parle pas de cette définition philosophique, que l'Homme est un composé de deux substances totalement distinctes & différentes : ce que j'appelle définir l'Homme, c'est le définir en cherchant par l'Expérience à rapporter à des principes fixes & uniformes, l'usage de ces deux substances dont il est composé. Or à cet égard, l'Homme me paroît indéfinissable, & inexplicable à lui-même & aux autres. Demandez à l'Homme de la meilleure foi, & qui se sera le mieux étudié, ce qu'il est; s'il veut se peindre par l'histoire de ses actions, vous verrez qu'il a été successivement une infinité de choses contradictoires, sans que souvent il s'en soit apperçû lui-même, dans le moment de la gradation de ses actions : parce que réellement la promptitude de la révolution de nos jours, la rapide succession des objets qui nous occupent tour-à-tour, & la vivacité de chacune des impressions qui nous saisissent, sont autant d'obstacles à ce que nous voyions nous-mêmes tous les differens travestissemens, sous lesquels nous nous déguisons au besoin, ou au gré de nos fantaisies. S'il veut se définir par les caracteres distinctifs actuellement permanents en lui, vous lui trouverez un assemblage de qualités opposées & destructives l'une de l'autre, quoique subsistantes ensemble & toutes à la fois, dont il fait usage selon les occasions; ainsi qu'un soldat au fort de la mêlée, se sert successivement des différentes armes offensives ou deffensives dont il est pourvû: mais avec cette difference que le soldat toujours d'accord avec lui-même en ce point, a toujours un objet fixe, qui est celui de se défendre, ou de tuer plus sûrement son ennemi ; & que souvent l'Homme seroit bien embarrassé de rendre compte de ce qu'il veut, lorsque se décomposant, pour ainsi dire, il tombe en dissemblance avec lui-même.

II. L'Homme qu'on peut regarder comme se connoissant mieux, & agissant de meilleure foi, est celui, qui jugeant ce qu'il penseroit dans un cas non avenu, par la maniere dont il aura pensé dans une autre occasion à peu près semblable, diroit naturellement ce qu'il croiroit ſentir, & ce dont il s'eſtimeroit capable, non comme une choſe identifiée, pour ainſi dire, avec lui-même, mais comme un mouvement exiſtant & agiſſant dans le moment en lui. Nul homme en effet, ne penſe long-temps de ſuite de la même maniere ; tel eſt l'effet de la liaiſon intime qui ſubſiſte entre les facultés de notre ame, & nos ſens exterieurs. Il ne dépend réellement pas de nous d'être toujours les mêmes en ce point. En vain allégueroit-on contre cette vérité la ſuperiorité que les facultés de notre ame ſemblent devoir conſerver : ſes opérations dépendent néceſſairement de la diſpoſition de ſes liens. On ne s'attriſte point à quinze ans comme à quarante, on ne s'amuſe point à cinquante ans ni autant ni des mêmes objets qu'a vingt, par conſéquent, on ne penſe pas de même à ces différents âges. Cependant les facultez de l'ame prises en elle-même, ne changent point. Mais certaines sensations dans la progression de l'âge s'affoiblissent, ou deviennent plus vives ; & l'on essayeroit vainement d'en rendre raison. Ce changement s'opere en nous machinalement, & nous ne le connoissons que par ses effets, en comparant ce que nous sommes avec ce que nous avons été. Aussi rien n'est-il plus ridicule que les paraphrases que l'on fait quelquefois sur ces sortes de variations interieures dans l'Homme, & que souvent on attribüe à des causes qui n'y ont aucune relation. On n'en seroit pas étonné, si l'on commençoit par s'examiner soi-même, & par sentir, en jugeant des autres par soi, l'alteration qui se produit naturellement dans les organes, dont le concours se prête avec plus ou moins de flexibilité aux opérations ou aux impulsions de l'ame. Mais quel est l'homme qui se connoit assez bien pour pouvoir juger sainement des autres ?

III. Or si l'homme ne se connoît pas assez pour se définir lui-même, peut-on exiger qu'il ne se méprenne pas, quand il est question de juger de ses pareils. Si nous exceptons l'amour-propre qui est le plus grand obstacle volontaire à la connoissance de nous-mêmes, il n'y a plus que l'esprit d'interêt ou les bornes de nos propres lumieres, qui puissent nous empêcher de nous rendre une justice exacte : au lieu que l'Homme relativement à un autre, est couvert ordinairement de mille voiles qui le dérobant au coup d'œil le plus perçant, induisent aisément en erreur, & font qu'au moment qu'on croit le connoître mieux, on le connoît moins. Cela ne suppose même pas toujours que nos pareils se donnent la peine de se masquer exprès ; car il ne faut que le ministere du sens commun, pour nous faire ſentir que ſi nous avons peine à être d'accord avec nous-mêmes, & que s'il nous eſt ſi difficile de nous rendre un compte clair & diſtinct de ce qui ſe paſſe dans notre intérieur, à plus forte raiſon pouvons-nous moins aiſément nous aſſûrer de ce qu'un autre ſent ou de ce qu'il penſe. Il n'y a point ſur le front des hommes de ſignes certains pour s'y connoître; & ſans parler de ceux qui ſçavent à leur gré compoſer leurs viſages, ce qui eſt le caractere de la fauſſeté ou de l'artifice, il eſt au moins vrai que beaucoup de phyſionomies ne démontrent rien qui puiſſe aider à déveloper l'interieur. L'obſcurité qui reſte répanduë ſur nos lumieres eſt bien plus épaiſſe & bien plus durable, quand nous avons à faire à des hommes qui appellent l'art à leur ſecours.

IV. En effet il y a bien des occaſions, où l'Homme eſt ſous un maſque tout différent de l'Original; ſouvent même il s'en trouve pluſieurs dont aucun ne s'annonce, & ſous leſquels lorſqu'ils ſont tombez, on eſt ſûr de trouver l'Homme. La difficulté eſt alors de ſçavoir quand on eſt arrivé au dernier déguiſement, & quand on eſt parvenu au vrai. Rarement l'eſprit de défiance eſt porté aſſez loin de la part des gens ſimples, pour ſe ſoutenir juſqu'à la chute du dernier maſque, qui en faiſant évanoüir le phantôme, laiſſe paroître l'Homme tel qu'il eſt naturellement. De-là vient que les honnêtes gens ſont ſi ſouvent les victimes des méchans, parce que l'extrême probité nous porte à quelque confiance en nos pareils, & que croyant avoir dévelopé entierement un Homme quand nous avons découvert une de ſes faces, nous triomphons ſottement & de bonne foi, d'une apparence de victoire qui devient l'écuëil même où nous briſons. On ne penſe aſſûrément point que la probité ſoit incompatible avec l'eſprit & les lumieres, mais il eſt conſtant qu'elle nous rend moins précautionnez ; & il eſt ſi peu de gens de probité qui puiſſent ſe vanter de n'avoir jamais été la dupe de perſonne, que j'excuſerois volontiers quelqu'un qui ſentiroit quelque préjugé contre celui qui réellement n'auroit jamais été trompé. Auſſi ferois-je de l'honnête homme mon ami, & je n'en ferois pas toujours mon conſeil. On n'a point encore trouvé de bouſſole ſûre pour ce genre de navigation, & vrai-ſemblablement on n'en trouvera jamais.

V. Comment même en pourroit-on trouver. Les indications de la bouſſole ſont preſque ſûres ou par la juſteſſe de l'aiguille, ou parce que nous ſçavons à peu-près de combien elle peut varier par ſa déclinaiſon, en ſorte que nous donnant toujours au moins une indication des poles, elle aſſûre notre direction ; mais dans la périlleuſe navigation au milieu de nos pareils, nous éprouvons toutes ſortes d'obſtacles à reconnoître quelle bande nous courons. D'un côté nos propres foibleſſes, nos préjugés, notre ignorance ; & de l'autre, l'artifice des hommes qui ſe déguiſent de mille & mille façons différentes, les plus propres ordinairement à tromper nos organes, à faſciner nos yeux, à ſéduire notre cœur, & à éblouïr notre eſprit, nous écartent ſans ceſſe du droit chemin, & nous voilent la vérité. Et comme les hommes varient à tout moment, on peut dire, qu'il n'eſt rien dans la nature, qui ſoit capable de donner quelque conſiſtance à cette eſpece de ſable mouvant ſur lequel nous marchons, tant que nous vivons. Faut-il après cela s'étonner, ſi tant d'édifices conſtruits avec ſi peu de ſolidité ſe détruiſent en ſi peu de tems, & ſi la face de cet Univers ſe renouvelle auſſi fréquemment. Les Anciens n'ont voulu que peindre l'inſtabilité des hommes, quand ils ont introduit dans leur Mythologie un Protée changeant à ſon gré de toutes ſortes de formes, & prenant toutes ſortes de figures. Ou ſi ç'a été une ſimple imagination ſans aucun objet d'application, il faut convenir qu'ils ont par là peint l'homme ſi fort au naturel, qu'on peut ſans paroître ridicule, ſuppoſer qu'ils en ont eu l'intention.

VI. Le Monde eſt un Théatre ſur lequel chacun paroît à ſon tour. Celui qui a le mieux étudié ſon perſonnage, & qui le joue avec le plus de feu & de naturel, eſt celui qui emporte les applaudiſſemens d'une multitude, qui ordinairement ne demande qu'à être amuſée. C'eſt ainſi que beaucoup de gens parviennent à plaire aux autres, & si je ne craignois pas d'employer des allusions trop communes dans un ouvrage serieux en plusieurs de ses parties, je dirois que nous faisons tous le métier des Marchands qui ouvrent une boutique bien garnie de masques de toutes sortes de caracteres dans les tems destinez aux Bals. C'est là qu'un Barbon dont souvent le sourcil, ou les rides annoncent la caducité, vient pour son argent, prendre un masque d'Adonis; qu'un jeune homme en vient chercher un de Nestor, ou du vieil Anchise; qu'une vieille porte son argent pour se couvrir d'un masque orné de toutes les fleurs de la jeunesse, & qui, s'il tombe, ne rendra que plus sensible l'injure des années. C'est-là qu'une jeune Nymphe pour se mieux déguiser aux yeux de ceux dont elle ne veut pas être connue, cherche de quoi se cacher sous les dehors de la plus décrépite vieillesse. Ce

Marchand de masques se sçait sûrement bon gré d'avoir pris une profession qui l'enrichit ; mais s'il est sensé, il rira de tous ces ridicules qui font sa fortune : & je ne pense pas qu'on pût lui faire un crime de s'en divertir interieurement, pourvû qu'il fût assez sage pour ne se pas laisser deviner, car il se décrediteroit. Les fols croyent que rire de leurs folies, c'est manquer à la confiance qu'ils accordent. Pourquoi ne pourroit - on pas aussi rire interieurement de la mascarade perpétuelle que l'on voit occuper l'imagination des hommes, aiguiser l'émulation de nos pareils entr'eux, & faire leur apparente felicité, quand ils croyent que leur art leur a reussi en quelque chose.

VII. Le vice comme la vertu entrent également dans la composition de ces masques, plus ou moins selon l'étenduë ou la nature du besoin ; car le penchant de l'homme est de ne consulter & de ne suivre que ces deux combinaisons lorsqu'il a, ou qu'il croit avoir interêt de se masquer. C'est ordinairement la crainte de nos pareils, ou le respect que l'on a pour eux, qui inspire le projet de se masquer des dehors de la vertu pour mieux surprendre le goût de quelqu'un qu'on croit ou qu'on sçait être vertueux : ensorte que si nous devons trouver un objet d'humiliation pour nous-mêmes dans la misere de nos semblables, nous avons d'un autre côté de quoi être flattez par le soin qu'ils prennent de se déguiser, quoique ce soit pour nous tromper. S'en donneroient-ils la peine, s'ils n'avoient pas de l'estime pour nous ? Et se parer d'un extérieur respectable pour séduire quelqu'un, n'est-ce pas faire un aveu public du prix qu'on reconnoît à la vertu, même en la trahissant.

VIII. Les hommes sont quelquefois trop méchans pour vouloir se donner la gêne de ſe composer un maſque de vertu. Cela coûte trop de peine, & le caractére de vertu quand il n'eſt qu'apparent, eſt trop difficile à ſoutenir long-tems. Quand cette eſpece de déguiſement n'eſt pas abſolument néceſſaire pour le ſuccès des vûes qu'on a formées, on aime mieux étouffer tous mouvemens de honte & paroître tel qu'on eſt. C'eſt ſûrement ainſi que raiſonnoit l'Avare à qui Horace fait dire : que m'importe le mépris du public pourvû que mon coffre ſoit plein. *Nummos dum contemplor in arcâ*. Mais l'homme qui ne peut ou ne veut pas ſe contraindre juſqu'à ce point, trouve des reſſources dans le vice même, parce que comme la vertu, le vice a ſes degrez ; on conſent volontiers à paroître atteint d'un vice médiocre, pour n'en pas laiſſer appercevoir un autre, qui par ſon énormité revolteroit l'opinion publique, ou l'opinion particuliere que l'on veut ménager.

On compte aisément sur l'indulgence de son prochain, parce que l'on commence par en avoir pour soi-même ; delà vient que souvent on croit être ou pouvoir paroître vertueux, quand on n'a ou quand on n'affiche que de médiocres vices ; & c'est ainsi qu'est au-dedans de nous un mêlange incompréhensible de pudeur & d'effronterie. On n'a pas de quoi se glorifier de l'une, parce que ce n'est qu'un faux sentiment qui devient le ministre de l'iniquité, & l'on ne sçait pas rougir de l'autre, parce que la détermination momentanée au mal nous rend inaccessibles à la honte que devroit nous inspirer le projet de faire le mal. Et en effet on ne conçoit pas aisément comment ces deux impressions si opposées peuvent agir en même-tems pour concourir à un même but. Ai-je donc tort de dire que l'homme est indéfinissable en lui-même & rélativement aux autres.

IX. Ces deux réflexions conduisent à trouver le commun des hommes singulierement injuste, quand ils veulent excuser jusqu'à un certain point leur laideur. S'ils font assés de cas de la vertu pour sentir le besoin qu'ils ont quelquefois d'en emprunter le masque, ne sont-ils pas bien repréhensibles de fuïr la réalité de ce qu'ils trouvent aimable ? S'ils ont assés de force sur eux-mêmes pour en soutenir pendant quelque tems le personnage, peuvent-ils esperer de persuader qu'ils ne seroient pas assés forts pour devenir vertueux réellement & de bonne foi ? S'ils sont capables d'étouffer un grand vice, pour n'en laisser paroître qu'un moindre, n'est-il donc pas effectivement au pouvoir de l'humanité de se réformer, & d'atteindre sinon à la plus grande perfection, au moins à un commencement de perfection. Il ne faudroit que vouloir faire un essai & le commencer de bonne heure ; un homme ne combattra pas une armée entiere, & il pourra ſe défendre cependant contre un nombre qui ſera réellement diſproportionné avec l'unité.

X. Qu'on ceſſe donc de reclamer, pour juſtifier ou pour excuſer ſes chûtes fréquentes, ce qu'on appelle l'empire des paſſions. Je ſçai qu'elles ont quelqu'empire ; & le méconnoître ce ſeroit être bien prêt d'en ſubir le joug ; mais je n'ai jamais eſtimé ce joug auſſi péſant, ni cet empire auſſi abſolu qu'on l'entend dire à tout moment ; ou du moins en y réflechiſſant bien il me paroît que ſi les paſſions peuvent être regardées comme des tyrans, ce n'eſt que quand elles ſont anciennement formées ; elles commencent ſeulement par nous ſolliciter, & ſont bien long-tems avant que d'en venir juſques à commander en maîtreſſes. Il n'en eſt point pour ainſi dire qui ne trouvent en nous l'auteur de leur pouvoir; & même lorſque ce pouvoir eſt établi, dire qu'il n'eſt point de digue à oppoſer qui ſoit capable d'arrêter ou de ſuſpendre la rapidité du torrent, c'eſt à mon gré le langage de ceux-là ſeulement qui craignent de ſe corriger, ou qui redoutent les efforts néceſſaires à la réformation du cœur & de l'eſprit; car il eſt des poltrons en tout genre & de toute eſpece. Je ne dis pas que le germe des paſſions ne ſoit en nous; c'eſt-à-dire, que la compoſition de notre être & la conformation de nos organes ne nous rendent ſuſceptibles des impreſſions qui opérent ſur nous; mais en vérité ce ſont les exemples principalement qui les commençent, & les ſuccès qui les augmentent.

XI. Le vice a ſa progreſſion, comme tout ce qui éxiſte ſans aucune exception dans la nature a ſes degrés de croiſſance. L'homme ambitieux a eû dans ſes deſirs un commencement foible & ſouvent aſſés moderé ; leur premier ſuccès en a fait naître pour de plus grands objets. Et comme on ne regarde jamais au-deſſous de ſoi, ni d'où l'on part, on arrive au point que tout deſir, quelqu'inſenſé qu'il ſoit réellement, paroît enfin raiſonnable & que l'on s'y livre ſans meſure. L'avare a commencé par un attachement ordinaire pour l'argent, avant que d'en faire l'objet d'une félicité imaginaire à laquelle il s'accoutume à croire que tout doit être ſacrifié. L'homme jaloux qui ſéche de douleur & d'envie ſur tout ce qui arrive d'heureux aux autres, n'eſt venu que ſucceſſivement à enveloper dans les mouvemens de ſa jalouſie tout ce qui éxiſte. Le glorieux inſupportable a commencé par de foibles mouvemens d'amour-propre ; & ce n'eſt que peu à peu que ſon mépris pour ce qui valoit moins que lui, s'eſt étendu juſques ſur ce qui valoit autant &

plus. Il eſt vrai que cette gradation eſt plus ou moins rapide ſelon la qualité du tempérament, & la nature des occaſions; mais elle ne l'eſt jamais aſſés pour qu'on puiſſe établir qu'on n'ait pas eû le tems de s'en appercevoir avant que d'être arrivé au dernier degré; & quiconque oſeroit dire le contraire trouveroit malgré lui dans le témoignage de ſa propre conſcience le deſaveu de ce qu'il articuleroit.

XII. Rien cependant n'eſt plus propre à précipiter ce progrès vers l'extrême dépravation, que le langage de l'adulation auquel ſouvent on doit ſa perte. Car à ſuppoſer même que ceux qui nous loüent n'ayent pas à le faire un interêt particulier: Il eſt toujours vrai de dire que l'homme quelque ſot qu'il ſoit, trouve encore plus ſot que lui, & c'eſt ce qui rend ſi nombreuſe la troupe funeſte des admirateurs. L'homme à qui l'on porte un encens qu'il n'a pas mérité eſt perdu pour toujours. S'il ſçavoit réſiſter à ce parfum ſéducteur, il vaudroit mieux que tout l'encens le plus rare de l'Arabie heureuſe. On peut ſçavoir à peu près par ſon expérience quelle doſe de liqueur peut produire cette yvreſſe des ſens bannie généralement parmi les honnêtes gens ; mais il n'eſt perſonne qui puiſſe ſe définir à lui-même les degrés de cette yvreſſe du cœur & de l'eſprit d'autant plus dangereuſe qu'on n'en rougit point, & qu'on la connoît d'autant moins qu'elle eſt plus forte. Combien a-t-on vû d'hommes ceſſer de mériter la loüange au moment qu'ils l'ont reçûe prématurée ? C'eſt un poiſon que ſouvent on aime, quoique ſûrement il donne la mort de l'une de deux façons, ou en portant ſon coup ſubitement, ou en noyant lentement notre cœur dans une perfide douceur qui reveille & aiguillonne l'amour-propre.

XIII. En effet tous les hommes ſans exception ont du plus au moins un mouvement intérieur qui ſelon les differens degrés de ſa force, ou ſelon la différence de ſon objet, rend l'homme aſſés bon ou fort mauvais. J'entends ce ſentiment de l'amour-propre dont on vient de parler. C'eſt une eſpece d'aiguillon qui nous pique & nous preſſe continuellement, qui nous parle ſans ceſſe, & qui ne nous quitte pas plus que les ſoucis dont Horace dit qu'ils galoppent avec nous. C'eſt ce même ſentiment qui ſous le nom d'émulation porte la jeuneſſe au bien, & à rencherir ſur les exemples dont elle eſt environnée. On veut ſurpaſſer ſon camarade, ou du moins ſe mettre de niveau avec lui; l'eſprit pour y réuſſir travaille, ſe retourne, ſe recherche lui-même; du ſuccès de ſes efforts, produits par l'émulation, naît un mouvement de ſatisfaction qui fait le bonheur & la félicité d'un jeune Athléte;

& cette satisfaction devient par elle-même un gage & une certitude du renouvellement des mêmes efforts propres à soutenir les premiers succès. Il n'est question que de retenir cette émulation dans de justes bornes pour qu'elle ne dégénere point en un vice, qui, ainsi qu'on le dira bien-tôt, en est extrêmement voisin.

XIV. A ce mouvement naturel, & à ses effets je reconnois le doigt de la providence. Dans cet âge si tendre qui n'est pas encore susceptible du sentiment pur & désintereſſé, fruit de la réflexion solide & même de la méditation la plus élevée, on ne peut pas demander que l'amour du bien conduise par ses propres attraits. L'exemple vient au secours, & l'on veut faire ce que l'on voit qui réussit aux autres. La loüange quand elle a été méritée enfle le courage, soutient les efforts, & la jeunesse contracte l'habitude de bien faire. En effet que peut-on raisonnablement esperer d'un enfant ou d'un jeune homme qui ne se soucie point d'être loüé ou de mériter de l'être, c'est-à-dire, qui est inaccessible à la voix de l'émulation. Sa vie quant à l'esprit sera une espece de mort ou de sommeil létargique, qui tenant pour ainsi dire toutes les facultés de l'ame dans l'engourdissement, laissera l'esprit comme un champ abandonné & sans culture; ou s'il agit, ce sera comme le corps inanimé, qui tombe dans le repos, dès qu'il a communiqué à ce qui l'environne l'impulsion de mouvement qu'il a reçû; ce sera par devoir ou plutôt par contrainte, il aspirera au moment où selon le cours ordinaire la gêne sous laquelle il plie, devra cesser. Et alors livré à lui-même, il restera une espece de machine mal organisée incapable de tout bien, & souvent à charge à lui-même.

XV. Quelque profession que l'on embrasse en sortant de la premiere jeunesse, cette émulation ne cesse point d'être nécessaire. Ne chercher qu'un vain titre ou une simple dénomination dans le monde, sans s'occuper des moyens d'exceller dans son état & d'en remplir les devoirs, ce n'est rien, c'est avoir de la vanité, & non point de l'émulation ; c'est courir après la chimere, au lieu que l'objet de l'émulation prise dans son véritable sens n'a rien que de solide & de durable. Il en seroit comme de quelqu'un qui se feroit faire de riches habits & qui ne porteroit dans le public que des vêtemens négligez & en désordre, nous nommerions cela caprice, & argent mal employé. De ce nombre cependant il en a été beaucoup dans tous les tems. L'amour d'un nom distingué & d'une bonne réputation est seul ce qui forme les grands hommes. Et la seule différence premiere qu'il puisse y avoir entre homme & homme, est que l'un apporte plus de disposition

&

& d'aptitude que l'autre; mais la diſpoſition ſans émulation ne portera jamais que des fruits médiocres, ou imparfaits.

XVI. Il n'y a que de mauvais effets à attendre du ſentiment d'amour-propre, qui, au lieu de nous porter à réflechir ſur ce qu'il peut y avoir de bien dans les autres, ne nous fait réflechir que ſur nous-mêmes, & d'après la dangereuſe & fauſſe opinion qu'il n'y a de bon que ce que nous ſommes & ce que nous opérons, ne nous laiſſant choiſir que nous pour modéle & pour exemple à nous-mêmes. Un autre nom alors ſe ſubſtituë juſtement à celui d'émulation, c'eſt celui de vanité & de ſuffiſance. Le mépris du prochain & de tout ce qui en émane en eſt le premier effet. On n'examine les autres hommes, que pour les dépriſer & les placer au-deſſous de ſoi, enſorte que leur place eſt pour ainſi dire marquée, avant que d'avoir examiné laquelle ils méritent. S'il eſt quelque point de comparaiſon déſavantageux pour ſoi, on s'enyvre de ſon opinion, on s'étourdit ſoi-même ſur les points de diſparité; nous blâmons tout ce qui eſt extérieur à nous; nous loüons tout ce qui naît de nous; nous ſommes diſcoureurs importuns, parce que nous voulons primer & effacer tout ce qui nous environne; nous ſommes impertinens dans les choſes qui ſont du reſſort de la bienſéance, parce que nous nous laiſſons éblouir par le frivole éclat d'une naiſſance ſouvent mal ſoutenue, ou de places que nous ne devons qu'au caprice de la fortune ou à des hazards de circonſtances; nous ſommes mépriſans parce que l'abondance nous attire des cliens ou des complaiſans qui ſe dédommagent de leur indigence & qui ſemblent ſe venger, en faiſant couler dans nos veines un poiſon dont la douceur nous flatte, & dont nous-mêmes nous accélerons les progrès, par la maniere dont nous nous y livrons.

XVII. Ce premier fruit en produit un autre dont l'amertume se répand pour ainsi dire sur tout ce qui éxiste dans la nature ; c'est la basse jalousie, qui nous fait pâlir sur tout ce qui arrive d'heureux aux autres. Jamais à notre gré un bonheur n'a été mérité. S'il semble être l'effet du hazard, aussi-tôt nous nous élevons contre la fortune, nous la trouvons aveugle. Nous sommes étonnez qu'elle se soit aussi grossiérement méprise. Nous maudissons notre destinée, comme si elle n'étoit pas dirigée par quelque chose de supérieur qui décide souverainement du sort des hommes. Si c'est une affaire de grace émanée de la main du Souverain, nous frondons la faveur, nous blâmons le mauvais choix, nous crions contre une préference injuste à nos yeux ; nous arborons un air de bons citoyens pour plaindre ce pauvre Etat où les préventions, disons-nous, & les personnalités décident du choix des hommes sans examen ou sans discernement; & ce même Etat que nous affectons de plaindre nous paroîtroit peut-être conduit par l'équité & par la justice, si les graces qui dépendent de celui ou de ceux qui gouvernent n'étoient répandues que sur nous ou sur les nôtres. Telle est l'injustice inséparable de la jalousie toujours aveugle & qui fait que dès l'instant que nous croyons voir un heureux, nous travaillons à son malheur.

XVIII. En effet la méchanceté est pour ainsi dire l'enfant premier né de la jalousie. Ce seroit peu que d'en renfermer les mouvemens ou en soi-même, ou dans un cercle étroit d'amis devant lesquels on ouvre son cœur; ou de sécher dans le silence du tourment que cause un cœur envieux. Rarement ou pour mieux dire jamais, la jalousie n'est muette, toujours elle vient se montrer, il ne lui manque que des occasions; on veut agir en conséquence ; on veut élever un Autel contre celui que l'on voit se former. On descend aux enfers pour emprunter le souffle empoisonné de la discorde. On cherche les défauts de l'homme heureux pour les grossir ; s'il n'en a point d'assez marqués, on en imagine ; on séduit ses amis, on lui suscite des ennemis, on lui donne des entraves, on lui rend tout difficile, on répand une couleur de ridicule sur ce qui en semble le moins susceptible. Et pourquoi tant d'efforts redoublez ! Souvent par l'évenement ce n'est pas pour soi-même qu'on a travaillé. La jalousie a-t-elle réussi dans ses efforts, elle ne fait que changer de théatre, elle trouve sans cesse de nouveaux objets pour s'exercer ; & l'homme n'en est pas plus heureux intérieurement ou, pour mieux dire, il n'en eſt pas moins malheureux, parce que ce n'eſt pas l'eſprit de méchanceté, ni ſes ſuccès qui ſont capables de le ſatisfaire, ou du moins ce n'eſt que pour un moment. C'eſt bien avec raiſon que l'on a dit que l'envieux meurt, mais que l'envie ne mouroit point, parce qu'effectivement tant qu'il y aura des hommes, la jalouſie trouvera néceſſairement des inſtrumens de ſa rage. Les hommes ne valent pas mieux aujourd'hui qu'ils valoient autrefois, & même ſi nous en croyons Horace les races futures rencheriront encore ſur nous. Or de tous les tems la jalouſie a régné tyraniquement parmi les hommes ; & ſes ſuccès ne peuvent manquer de multiplier ſes adorateurs ainſi que ſes victimes.

XIX. Si l'homme n'avoit jamais pour objet de ſon émulation que ce qui en eſt véritablement digne, il travailleroit ſolidement à ſon bonheur, ſur-tout lorſqu'il auroit en vûe la perfection de son cœur, plus que l'embellissement de son esprit. Celui qui ne se propose que ce dernier objet, agit souvent plus par vanité que par aucun autre motif. Il faudroit que l'homme à l'imitation de l'Abeille qui pour former son miel emprunte quelque chose de toutes les fleurs dont la terre est émaillée, proménât ses regards sur tous ses pareils, pour s'aproprier ce qu'il trouveroit de bon dans chacun, & en faire lui-même l'application selon les différentes occasions. Comment se peut-il qu'aidé du secours de la raison, nous ne fassions pas ce que le vil moucheron fait par la seule impulsion naturelle ; ou que nous abusions des lumieres de la raison jusqu'au point de ne connoître le bien dans nos pareils que pour en défigurer la beauté & en éteindre l'éclat.

XX. C'est l'amour-propre mal entendu, ou la vanité qui nous conduit à cet excès, parce qu'elle nous porte à ne croire rien de bon dans les autres, qu'ordinairement nous n'examinons que pour les critiquer. Nos pareils, les uns plus les auttes moins, pourroient cependant nous ſervir, comme le miroir ſert à une femme ſoucieuſe de ſa parure ; quand la glace en eſt bonne elle rend les objets avec vérité, & ſon conſeil eſt ſûr ; il ne faut pour en profiter, que ne point porter un œil de complaiſance outrée ſur ſoi-même. Par malheur nous commençons de trop bonne heure à penſer comme la vieilleſſe qui craint la vérité du miroir ; mais avec cette différence qu'avertie par lui elle fait pour remédier aux défectuoſités apparentes ce que nous ne faiſons point pour réformer nos défauts intérieurs ſur les exemples que nous avons devant les yeux & qui tous ſollicitent l'homme ſenſé au bien. Juſqu'au dernier moment de notre vie pour ainſi dire, nous avons de la coquetterie ſur nous mêmes, non pour nous perfectionner, mais pour nous persuader que nous sommes bien & que nous n'avons besoin d'aucun secours. La coquette au contraire peut s'aveugler quelquefois, mais elle travaille sans cesse à s'approcher par l'art de ce qu'elle sent bien être encore mieux quelle.

XXI. Or si la coquette consacre sa vie au futile soin de plaire, pourquoi nous occupant d'un soin plus utile, ne travaillons-nous pas à acquérir ce qui pourroit nous mettre en état de nous plaire justement à nous-mêmes dans des momens de bonne foi où nous porterions sur nous un coup d'œil critique. Nous le ferions sans doute, si notre indulgence n'alloit pas jusqu'à l'aveuglement, & si nous n'avions pas la malheureuse habitude de penser que la classe de ceux qui valent moins que nous étant bien moins nombreuse que celle des gens qui réellement valent mieux, nous n'avons pas besoin de nous donner tant de peine pour être de quelque valeur. L'Avare trouve toujours la multiplication de ses écus beaucoup au-dessous de ses desirs : heureux celui qui faisant une application plus sensée de ses penchans pouroit toujours souhaiter d'être mieux qu'il n'est. L'utilité de ces vœux seroit durable & permanente.

XXII. En effet la beauté de l'ame a cet avantage, que le tems n'a aucun droit sur elle, qu'elle augmente chaque jour, & que son éclat trouve dans ses propres appas le principe de son accroissement : tandis que les charmes de la figure se détruisant d'eux-mêmes trouvent une fin d'autant plus triste que leur triomphe a été plus grand. Et c'est ainsi que ce qui n'a fait qu'un bonheur imaginaire produit souvent des regrets réels ; tel est le sort de tout ce qui n'a pas en soi-même les caractéres de la solidité. Nous ne devons pour ainsi dire qu'à nous ce qu'on vient de nommer la beauté de l'ame, au lieu que les charmes extérieurs payent tous les jours en déduction d'eux-mêmes un tribut à la nature qui ne fait que les prêter, & qui exerce sans cesse sur nous un droit tyrannique auquel il n'est pas au pouvoir de l'humanité de rien opposer.

XXIII. Delà vient que souvent les dons extérieurs où futils dont la nature nous a pourvûs sont un obstacle, à ce que nous acquérions du moins éminemment les qualités essentielles qui sont cependant les seuls objets dignes de l'émulation des hommes. Comme les graces frappantes d'une brillante jeunesse saisissent les regards, excitent l'admiration, & font naître les adorateurs: on ne s'occupe que du soin de les conserver, & de chercher dans les ressorts de l'art, comme dans le goût de l'accompagnement, ce qui peut en rehausser l'éclat. Toutes les penſées ſe tournent de ce côté-là ; la moitié des jours s'employe à imaginer, ce qu'on paſſe l'autre moitié à entendre loüer par les ſots, qui parviennent enfin à nous rendre autant ou plus ſots qu'eux. A-t-on apporté en naiſſant des diſpoſitions pour la muſique inſtrumentale ou vocale, ou pour la danſe, ou pour quelqu'autre talent de pur agrément, on les cultive comme un moyen de plaire ; on veut faire ſon propre art de ce qui n'eſt pas ſon mêtier ; on eſt ſéduit par le plaiſir de faire l'amuſement d'une compagnie ; enyvré par les éloges que l'on reçoit, on fait de nouveaux efforts pour parvenir au plus haut degré d'excellence, & comme on ne peut ſuffire à tout, on néglige les autres objets d'occupation ou d'application, qui bien que plus ſolides en eux-mêmes, n'ont pas ordinairement autant d'éclat. Mettez cet homme au creuſet, tout ſe diſſipe en fumée, parce qu'il n'y a dans cette monoye que de l'alliage. Quel cas doit-on faire d'un mêtier d'emprunt qui dépend du moindre dérangement des organes que la nature nous a donnez. L'humanité se convertit pour ainsi dire alors en une espece de statuë muette & inanimée; or l'amour-propre doit subir une prodigieuse humiliation, quand l'impuissance accidentelle d'exercer un talent de simple amusement nous jette dans une entiere nullité au milieu & aux yeux de nos pareils. On ne doit raisonner différemment de ces différens talens, que quand ils sont l'objet d'une profession définie; alors il est loüable d'y exceller, & je blamerois autant un homme qui s'étant voué à quelque mêtier de cette espece, se piqueroit d'honneur pour réussir mieux en autre chose, que l'homme qui au préjudice de ce qu'il devroit à son état, se feroit un mêtier de ce qui ne devroit être pour lui qu'un amusement passager.

XXIV. C'eſt par la même raiſon qu'ordinairement ceux que la nature a mal partagés du côté de la figure, où qui n'ont reçû en naiſſant aucune aptitude pour les choſes dont on vient de parler, valent mieux que les autres hommes, parce que ſans ceſſe frapés de l'idée des déſagréments qui couvrent leurs perſonnes, ils travaillent ſans ceſſe à acquérir de quoi les réparer. Ce que nous voyons arriver en ce genre a donné lieu au préjugé aſſez commun, que la nature dédommageoit par l'eſprit & par les talens ceux qu'elle n'avoit pas bien traitez d'ailleurs. Il faudroit, pour que cela fût vrai, qu'il y eût quelque raiſon phyſique qui prouvât que certaine conformation du corps peut décider du plus ou du moins d'eſprit. Il peut bien être que par l'union intime qui lie les deux ſubſtances dont nous ſommes compoſez, le reſſort ou l'activité plus ou moins grande de nos organes, laiſſe plus ou moins de jeu aux opérations extérieures de notre ame. L'expérience eſt même une démonſtration de cette vérité ; mais delà on ne peut pas conclure qu'un boſſu, qu'un homme contrefait doive avoir naturellement plus d'eſprit qu'un autre homme. C'eſt que quelqu'un qui ne voit rien extérieurement en lui qui lui paroiſſe avoir beſoin de dédommagement, penſe n'avoir rien à réparer, & que celui qui a quelque déſavantage corporel ſe porte perſonnellement & de lui-même à acquérir quelque ſupériorité dans d'autres choſes qui ne dépendent point du caprice de la nature. Nos parens avant nous s'occupent de ce ſoin, & ils nous excitent eux-mêmes à les ſeconder dès que nous avons l'uſage de la raiſon, en ſorte que l'éducation que nous donnent ceux qui s'intéreſſant à nous en ſont plus attentifs à nous former, aiguillonne notre amour-propre; & notre amour-propre acheve l'ouvrage.

XXV. L'éducation opere ainsi & produit en nous bien des effets qu'on attribuë souvent mal à propos au naturel. Rien n'est si ordinaire que de dire qu'un tel est né méchant, ou paresseux, ou violent ou vicieux, ou bien qu'il a apporté en naissant les vertus opposées à ces vices. J'avoüe qu'il y a des gens qui commencent de si bonne heure à montrer des dispositions bonnes ou mauvaises, que le premier mouvement est de n'en pas chercher l'origine ailleurs que dans la nature. Or si cela étoit, il faudroit renoncer à détruire les mauvaises inclinations, *Naturam expellas furcâ, tamen usque recurret*; cependant à quelques exceptions près, il est vrai de dire qu'il n'y a point de défauts qui ne soient susceptibles de correction, de même qu'il n'y a point de bonnes inclinations, naturelles dans le sens qu'on l'expliquera bien-tôt, qui ne puissent être gâtées ou altérées, soit par les

les mauvais exemples, soit faute d'éducation.

XXVI. Ce n'est pas que nous ne puissions apporter en naissant certaines dispositions intérieures qui ne font que se déveloper avec l'âge, & qui nous rendent effectivement plus ou moins capables des bonnes ou des mauvaises impressions ; mais je ne pense pas que ces dispositions résident ni puissent résider dans la partie de notre substance qui n'est point matiére ; cette substance est égale dans tous les hommes, & puisque c'est une émanation de la divinité, ce seroit tomber dans un sentiment impie que de croire qu'elle pût dans les uns ou dans les autres avoir différens degrés de perfection, ou être défectueuse en quelques-uns. La disposition de nos organes peut seulement nous rendre plus ou moins susceptibles ; & il est réservé au ministére de la raison, aidée & conduite par la connoissance & l'amour du précepte, de nous faire résister à cette espece de penchant organique vers le mal. Quelle occasion, à parler chrétiennement, aurions-nous eu de mériter, si nos organes avoient été disposez de façon qu'on ne pût faire que bien, en se livrant aveuglément à leur conseil ou à leur voix.

XXVII. En effet on ne peut pas nier que nous ne puissions participer en quelque chose à la qualité du sang & des liqueurs de ceux à qui nous devons notre naissance, de même qu'il est démontré & par l'expérience & par les raisons physiques, que certaines maladies corporelles passent quoiqu'avec des caractéres moins forts, & des symptomes moins frapans de nous à nos enfans. Par exemple il ne sera point étonnant qu'un homme violent par la rapide circulation de son sang & par l'espece de bitume qui allume sans cesse en lui toutes les liqueurs, ait des enfans qui ſe reſſentent naturellement de cette diſpoſition de la machine ; que quelqu'un en qui les liqueurs ſont peu en mouvement, & en qui le ſang coule lentement, communique le même principe de tranquilité à ce qui naît de lui ; que dans les uns ou dans les autres la jeuneſſe ſoit plus ou moins boüillante ; & que par conſéquent les occaſions ſoient plus ou moins aiſément ſéduiſantes. Mais c'eſt une illuſion de croire qu'on naiſſe avec certains défauts decidez, comme de débauche, d'avarice, d'ambition, de hauteur. Ces défauts ne pourroient éxiſter qu'autant qu'ils auroient des objets d'application ; or on ne peut pas les imaginer éxiſtans naturellement, & juſqu'à ce que certains exemples, certaines images, ou certaines connoiſſances ayent pû être portées à notre eſprit.

XXVIII. On n'ignoreroit aſſurément jamais l'origine de ces vices ou de ces défauts, si ceux à qui il appartient de veiller sur notre éducation, éxaminoient d'assez près les principes ou les occasions qui les font éclorre. La façon dont nous sommes élevez acquiert plus ou moins de crédit sur nous, selon que la méthode que l'on suit est plus ou moins homogêne avec nous. Tout porte coup sur l'enfance, sans même que l'on s'en apperçoive. Nous adoptons par habitude les bonnes ou mauvaises qualités de ceux qui sont préposez pour nous instruire, nous suçons pour ainsi dire avec le lait les principes d'après lesquels on nous parle, jusqu'à ce que nous soyons en âge de mettre nous-mêmes en pratique ce qui a été un langage commun & familier à nos oreilles. Un Pere ambitieux ne parle que d'élevation. Un Pere avare ne parle que de richesses. Un Pere licentieux ou donne de mauvais exemples, ou ne tient que des propos désordonnez. Il n'est pas étonnant que l'on s'accoutume à regarder comme bon ou vrai ce que nous entendons dire, ou que nous voyons faire par ceux qu'on dit ſans ceſſe que nous devons reſpecter & tâcher d'imiter ! & ce n'eſt point par la raiſon de notre prétendu penchant naturel au mal que nous nous laiſſons ſéduire.

XXIX. Les propos de ſageſſe, de modeſtie, de moderation, feroient à prendre la nature humaine en elle-même, le même progrès ſur nous, que les diſcours opoſez, ſans la circonſtance que juſqu'à ce qu'on ſoit parvenu à l'âge d'aimer le bien par les attraits du bien même, on eſt beaucoup plus aiſément vicieux que vertueux. On croit pouvoir démontrer qu'un jeune homme qui n'aura jamais entendu que des maximes ſages & meſurées, qui n'aura jamais vû que des exemples vertueux & purs, quelque caractere qu'il ait aporté en naiſſant, n'aura pas plus de peine à pratiquer la vertu, qu'un autre auroit de penchant au vice. Le cœur, ainſi que l'eſprit, n'eſt pas moins flexible que le corps le peut être lui-même ; & ſi on accoutume les jeunes gens à trouver de la ſatisfaction à ce qui eſt bien, on eſt, pour ainſi dire, aſſuré de leur détermination.

XXX. On joint les exemples aux principes, parce que quelque bonne qu'ait été l'éducation, il ne faut ſouvent qu'une mauvaiſe compagnie pour en détruire tout le fruit. Un mauvais conſeil rend ennuyeuſe & ſouvent odieuſe l'autorité qui a gêné. On inſpire l'eſprit d'indépendance; on donne du dégoût pour les ſocietez ſages & utiles, parce que tout homme vicieux ou diſſipé cherche des complices, & que c'eſt dans la jeuneſſe qu'il les trouve plus aiſément. Et comme elle eſt moins précautionnée, elle ſe laiſſe plus facilement ſéduire & entraîner.

XXXI. Or pourquoi y auroit-il

plus de difficulté à reconnoître que la plûpart des vices & des vertus morales ſont le fruit de l'éducation, qu'à avouër que c'eſt là même, que prennent naiſſance une infinité de petiteſſes & de foibleſſes, dont on ſent tout le poids, & dont ſouvent on a tant de peine à ſecoüier le joug. Telle la crainte du tonnerre, des eſprits, de l'obſcurité; telle une infinité de petites ſuperſtitions ſur les choſes les plus ſimples & les plus naturelles, que l'on interprete cependant à bon ou mauvais augure, ſans pouvoir s'en rendre à ſoi-même aucune raiſon phyſique, ni même vrai-ſemblable. Qu'on reprenne l'éducation d'un enfant dès le premier moment où l'on peut ſuppoſer qu'il a été ſuſceptible de quelque ſenſation, vous retrouverez le principe de toutes ces miſeres, dans les ridicules propos dont on a ſottement frapé ſon imagination. Le ſang s'ouvre de bonne heure certaines voyes qu'il n'abandonne plus ; ou si l'on parvient, en le détournant de ses premieres routes, à triompher de ces impressions ridicules, combien n'en a-t-il pas couté, combien d'efforts n'a t-il pas fallu faire sur soi-même? Heureux encore quand ils réussissent. On ne prétend cependant pas attaquer par là ce que l'experience nous apprend de certaines dispositions naturelles, qui se communiquent de la mere aux enfans. Il ne seroit pas possible de les nier, à moins que de vouloir combattre l'évidence ; mais il les faut regarder comme des maladies naturelles qui ne different des mêmes genres de maladies contractées par l'éducation, que comme quelqu'un né boiteux differe de celui à qui une fracture accidentelle a rendu une jambe inégale avec l'autre. Ces sortes de foiblesses naturelles se sont même quelquefois rencontrées avec des genies bien superieurs. M. Paschal dont la mémoire sera éternellement honneur à l'humanité, étoit ſujet à des terreurs habituelles qu'il ne pouvoit tenir que de la nature, & qu'on auroit peine à excuſer dans l'enfance la plus foible & la plus tendre.

XXXII. Mais ſuppoſons deux enfans de mêmes peres & de mêmes meres nourris par la même nourrice, ayant à peu-près une ſanté égale, à qui l'on aura toujours donné des principes & tenu un langage commun, en un mot, entre l'éducation deſquels on aura eu ſoin de ne mettre ni de laiſſer introduire la plus legere difference que ce puiſſe être, tant ſur le fond que dans la méthode; enfin qui devenus plus grands n'auront vû que les mêmes compagnies, & ne ſe ſeront pas quittez un ſeul moment. Cette combinaiſon peut ſe rencontrer une fois, parce qu'elle n'eſt pas phyſiquement impoſſible. Je ſuis convaincu que ces deux enfans auront une entiere conformité de caractere & d'inclinations, qu'ils se ressembleront dans toutes les qualitez essentielles, ne differant que par la maniere plus ou moins vive de les manifester, & que s'il peut se trouver d'ailleurs quelque différence entr'eux, elle ne roulera que sur l'étenduë & la portée de l'esprit : ce qui est possible & même nécessaire, parce qu'il ne se trouve pas dans la nature deux personnes qui naissent avec une égale fléxibilité dans les organes, ou pour percevoir & rendre une idée, ou pour en combiner plusieurs. Il en sera de ces deux enfans comme de deux planches de cuivre qui travaillées par une même main seront toutes deux également belles, avec cette seule différence que, si dans l'une des deux il se trouve quelque veine plus dure ou plus aigre, ces endroits ou couteront plus de peine à l'ouvrier, ou répondront moins parfaitement aux traits du burin. On n'estime pas devoir ſuppoſer un autre genre de différence d'homme-à-homme dans l'eſpece que l'on vient de propoſer. Car il y a cette diſtinction entre le cœur & l'eſprit, que le cœur ſent ſeulement & fait agir l'eſprit plus ou moins fortement ſelon la diſpoſition des organes, & que l'eſprit peut operer indépendamment du cœur. Il eſt vrai que l'on entreprendroit vainement de diſtinguer bien clairement les bornes des opérations ou des ſenſations de l'un ou de l'autre; mais en ſe recherchant ſoi-même, & en s'examinant avec attention, on ſent, je crois, intérieurement la réalité de cette diſtinction.

XXXIII. Les exemples & les diſcours n'influënt pas ſeuls ſur la détermination des caractéres. Les lectures y ont grande part. On s'accoutume ſans s'en appercevoir à penſer & à ſentir d'après ce qu'on lit. Le ſang prend l'habitude de couler d'une façon, à la vérité indéfiniſſable, mais qui produit en nous des opérations assorties au genre de choses que les yeux parcourent par la lecture. Cela est si vrai & mécaniquement que, si l'on ne s'en garantit pas par quelque effort extraordinaire, on contracte jusqu'au stile d'un Auteur qu'on a lû long-tems de suite. Or cette contagion ne vient certainement que de la détermination dans le cours du sang & des liqueurs; car il n'y a point en nous un principe ou un germe particulier qui fasse que nous écrivions bien ou mal: c'est un effet de l'imitation, & cette imitation comment s'operet-elle, si ce n'est par un cours des esprits, qui nous aproche de la maniére que nous voyons, & que nous adoptons à la longue. C'est ainsi que les livres agissent sur notre cœur comme sur notre esprit, qu'ils allument les passions, & que souvent ils leur donnent sur nous un empire tyrannique, si nous n'avons pas des principes bien décidez & bien solides, & nous ne leur opposions point une barriere suffisante.

XXXIV. Et comme il ne faut pas attendre cette victoire d'un âge qui par lui-même réfléchit peu, & qui d'ailleurs est susceptible de vives impressions, cette facilité & ce penchant de l'Homme à l'imitation, doivent faire sentir avec quelle activité la vigilance des Maîtres & des Superieurs doit s'exercer sur le choix des lectures, d'autant plus important, que la compagnie des livres, quand elle est mauvaise, se cache trop aisément, & que souvent on ne connoît le désordre qu'elle cause, que quand il éclate d'une façon à ne pouvoir plus y remedier. L'amour de la lecture est donc une très-bonne chose à inspirer. Et en général on doit bien augurer d'un enfant, ou d'un jeune homme qui s'y livre, parce que l'espece des bons Livres est beaucoup plus nombreuse, que l'eſpece des bonnes compagnies, mais il n'en faut pas laiſſer l'application au hazard. Il ſeroit plus à ſouhaiter quelquefois de n'avoir jamais lû, que d'avoir ouvert les yeux ſur certains livres. Il vaut beaucoup mieux être ignorant que vicieux. Tout Auteur de Livres dangereux à lire me ſemble auſſi coupable qu'un meurtrier; on prévoit la fureur de celui-ci, on prend contre elle des précautions; mais on eſt ſans défenſe contre un mauvais Livre, où d'ordinaire le poignard eſt caché ſous des fleurs ſéduiſantes par leur coloris comme par leur parfum. Les loix contre de pareils fleaux ou ne ſont pas aſſez ſeveres, ou elles laiſſent trop de moyens de les éluder.

XXXV. Le commencement, comme la conduite d'une éducation, eſt donc un ouvrage redoutable; on trouve il eſt vrai, un canevas tout préparé ſur lequel on ſemble n'avoir qu'à tracer; mais pour le faire avec succès il faut une main bien habile; & quand le dessein est tracé, quel soin ne demande pas l'execution. Il n'y a même, pour suivre la comparaison du canevas, que certaines regles nécessaires à la régularité du dessein. Les points se comptent, & souvent ce n'est qu'une affaire de calcul, au lieu qu'en matiere d'éducation, on ne connoît quelquefois le canevas que bien imparfaitement, que souvent on se méprend à la maniere de le travailler, & qu'ensuite, ainsi qu'à la toile de Penelope, un moment défait plus d'ouvrage, que les soins les plus assidus n'en ont ourdi en beaucoup de tems. C'est le cas malheureux où tombent presque tous ceux qui abandonnent trop promptement la jeunesse à elle-même. Un mauvais conseil qui conduit à l'amusement, fait toujours de rapides progrès, & contre un qui marchant seul de bonne heure & sans guide, ne s'écarte pas du bon chemin ; il en eſt mille qui s'égarent au point, que ſouvent ils ne trouvent plus la ſortie du labyrinthe.

XXXVI. L'éducation influë ſur la deſtinée des hommes bien plus & de plus de façons différentes qu'on ne croit. Il ne s'agit aſſûrément pas de conteſter ce qu'on penſe ſur l'origine & le principe des vocations, quand on les raporte à l'Eſtre ſuperieur, parce que tout ce qui arrive dans la nature s'opere par ſa volonté ou par ſa permiſſion. Mais ce n'eſt point attaquer cette maxime vraye en elle même & conforme à notre origine, que de dire que les vocations ſont preſque toujours déterminées par l'éducation ou par l'habitude. Le premier vœu des Peres qui ont réuſſi dans une profeſſion ou dans un état, eſt d'en inſpirer le goût à leurs enfans. Ils ne leur préſentent ordinairement que les objets auſquels ils ſouhaitent qu'ils s'attachent

chent & s'affectionnent. Le fils d'un homme de guerre ne voit presque que des gens de ce même état. Il n'entend parler que d'exploits militaires. Le fils d'un homme de Robe entend vanter cette profession comme un métier tranquile, comme un état assûré, qui attire des clients, qui procure de la consideration, qui donne un revenu raisonnable. Le fils d'un usurier entend exalter sans cesse le prix de l'argent, & l'avantage d'être plus riche que les autres hommes. Le fils d'un artiste qui a excellé dans son genre, est témoin de la fortune que procure un talent distingué & souvent unique. A cet usage qui prend naturellement sur l'Homme, se joint le soin des Peres à faire commencer de bonne heure à un enfant les exercices convenables à leurs vuës. La jeunesse s'y prête par obéissance; le goût se décide quelquefois, ou du moins l'habitude se contracte, avant que l'on ait pû être d'accord avec soi-même sur sa propre aptitude à ce que l'on a entrepris. Des circonstances domestiques achevent de fixer la vocation, & l'on vit dans un état, sans trop sçavoir pourquoi, ni comment on l'a embrassé.

XXXVII. Il y a cependant des exemples, même assez fréquents, que la jeunesse résiste quelquefois à la vocation dont on a voulu lui inspirer le goût. C'est rarement une oposition qui vienne de la nature : non qu'il ne soit vrai, pour ne point sortir du systême que l'on s'est fait, qu'il ne puisse y avoir dans le sang des dispositions capables de faire obstacle à certaines professions. Un homme d'un temperament boüillant & vif s'assujettira difficilement à une profession tranquille ; celui qui aura une complexion lente ou foible, ne s'acoutumera point à un métier qui exigera des fatigues & de l'activité. Mais ces circonstances, qui sont des ſuites de la conformation naturelle, ou du temperament, n'établiſſent point une opoſition de goût, ni un éloignement qu'on puiſſe regarder comme un ſentiment identifié, & iſolé de la ſtructure machinale. En examinant attentivement ces ſortes d'antipathies qui paroiſſent ſans cauſe, & en remontant juſqu'au principe, on trouvera preſque toujours que c'eſt la ſuite de quelque propos, ou l'effet de quelque objet que l'on ignore & qui a fait impreſſion; & la preuve en eſt que ſouvent on a vû des gens parvenir à reuſſir, & à ſe plaire dans un état qu'ils avoient commencé par déteſter. Or ſi c'étoit une impreſſion donnée par la nature elle-même, il ne faut pas croire que rien la pût effacer entierement.

XXXVIII. De-là il me ſemble qu'on peut conclure que toutes les fois que l'on voudra décider la vocation des enfans pour une profeſſion honnête, en les tenant éloignés de tous propos & de tous objets qui pourroient croiſer les vûes qu'on auroit, on peut ſe tenir preſque pour aſſûré du ſuccès de ſes ſoins. Quand le contraire arrive, il faut reconnoître le doigt de la Providence & s'y ſoumettre aveuglément ; mais peu de Peres ſçavent, ou peuvent s'aſſujetir à cette attention ſuivie, parce qu'on n'eſt pas toujours conſéquent dans ſes vûes. Ce qu'il paroît donc eſſentiel d'obſerver pour s'aſſurer qu'on ne trouvera point d'obſtacle humain dans la vocation, c'eſt de commencer par étudier le tempérament & la complexion, parce qu'à l'égard du fond du caractére, ou bien on le tourne preſque comme on veut ainſi qu'une cire molle, ou bien il n'eſt pas aſſez formé pour le déveloper avec cette évidence, ſans laquelle on ne peut en juger, & en faire une juſte application. Cette derniere réflexion eſt une raiſon de ne ſe point trop preſſer de décider des vocations, & cette précipitation eſt un défaut très-ordinaire parmi les hommes qui ſemblent n'enviſager la brieveté de leur carriére, que pour abuſer d'un genre de méditation qui ne devroit avoir que des effets ſalutaires.

XXXIX. Une des cauſes les plus ordinaires du mécompte dans lequel on tombe à ce dernier égard, eſt que quand on délibere ſur la vocation de ſes enfans, on ſe conſidere beaucoup plus qu'eux, on conſulte ſes propres idées, on ſuit ſes préjugez ; & au lieu d'adapter ſes projets à ce que l'on voit du tempérament ou du goût de ſes enfans, on veut le forcer. Cette eſpece d'empire s'exerce même avec une dureté tyrannique. Loin d'examiner les cauſes des obſtacles, on ne réflechit qu'à l'autorité paternelle que l'on croit bleſſée par une réſiſtance, contre laquelle on ſe roidit. On s'irrite même, & l'on tombe quelquefois dans des ſentimens d'inimitié, dans une chaleur de prévention, dans des excès de mécontentement qui allument le feu dans l'intérieur des familles, & qui élevent l'étendart de la diviſion, où l'on ne devroit voir régner que cette joie douce & tranquile, qui naît de la tendreſſe reciproque, & que dicte la nature. Ce n'eſt pas qu'il ne ſoit raiſonnable de penſer qu'un homme qui a rempli une carriere, eſt plus capable qu'un jeune homme de prendre un parti ſage, & de juger de certaines convenances d'état; mais comme la plus grande experience n'eſt pas phyſiquement à l'abri de ſe tromper, il eſt dangereux de ne vouloir conſulter que ſoi. Et s'il eſt des occaſions, & des circonſtances dans leſquelles il faille décider bruſquement d'une vocation, il en eſt beaucoup plus d'autres, où mettant de côté les privileges de l'autorité & de la nature, il convient de marcher la ſonde à la main, & d'examiner lentement, ainſi que le Medecin ſage & experimenté le fait, pour parvenir à la connoiſſance exacte d'une maladie, avant que d'appliquer des remedes.

XL. Je ne me propoſe pas d'entrer ici dans le détail des avantages qu'il eſt de foi que l'homme a perdus en punition du péché du premier homme. Il eſt certain qu'en le conſidérant même dans cet état de perte & de dégradation, on peut le peindre encore à lui-même comme ſupérieur à tout ce qui éxiſte dans l'ordre des choſes créées, puiſque par les moyens que la bonté divine lui a réſervés de ſe racheter de la tache du péché originel, il eſt un objet de la miſéricorde de l'Etre ſupréme, & des vûes que Dieu a eûës pour le ſalut des hommes. C'eſt donc encore pour l'homme envers Dieu un nouveau ſujet de reconnoiſſance, qui ſe joignant à toutes les autres obligations qui vont être dévelopées, ne le rend que plus criminel, lorsqu'il manque aux préceptes. C'est en partant de ce principe qu'on peut dire qu'il ne faudroit à l'Homme pour connoître combien il doit travailler sur lui-même, que sentir ce qu'il est; à qui il doit son origine; son neant vis-à-vis l'Auteur de son existence; ce qu'il lui doit de reconnoissance; & ce qu'il sera un jour devant ce même Auteur, qui devenant son Juge, décidera souverainement de son sort. Je ne sçai même, plus j'y pense, pourquoi les hommes semblent éloigner d'eux ces pensées; car si la consideration de leur neant peut en un sens leur paroître humiliante: leur humiliation devroit cesser par le raport de leur neant à l'Auteur de leur existence. Et l'on peut dire qu'ils y trouveroient pour leur satisfaction, même comme hommes, le titre de leur grandeur & de leur excellence au-dessus de tout le reſte de ce qui exiſte. En effet, pour me ſervir d'une comparaiſon ſenſible, quoique bien diſproportionnée, puiſque les deux objets en ſont pris de l'humanité même, un grand-ſeigneur n'eſt-il pas d'autant plus conſiderable que le Souverain, de qui il tient tout, eſt plus grand, & ne fait-il pas ſa propre grandeur à lui-même, plus il reſpecte & contribuë à faire reſpecter ce Souverain? L'effet reçoit toujours ſon relief de la cauſe d'où il émane; ainſi plus l'homme eſt ſéparé de Dieu par une diſtance indéfiniſſable, plus il doit être glorieux de la portion de la Divinité qui réſide en lui, & plus auſſi il a de choſes à faire pour ne point dégrader cette portion de lui-même, en même tems qu'il en a d'autant moins à ſe plaindre de certaines proprietez, qu'il ne regaderoit cependant pas comme un déſavantage &un juſte objet de ſes murmures, ſi pour ſe comparer avec ce qui l'environne, il ne commençoit pas, pour ainsi dire, par se dégrader, en se décomposant.

XLI. En effet, pour juger de la perfection & de la dignité de l'homme, il ne faut ni séparer ses deux substances, ni le considerer relativement à lui seul, mais relativement à l'ordre général de cet Univers, dans la vûe duquel il a été formé. Quand même l'homme paroîtroit en lui-même une composition imparfaite, elle ne seroit pourtant point telle réellement dans la vûe & le dessein de la création générale ; & la façon qu'elle qu'elle fût, dont l'homme auroit été fait, seroit elle-même une preuve qu'il auroit dû l'être comme il l'a été. Dieu n'a pû faire un ouvrage imparfait ; le penser, ce seroit avoir une idée contraire à la Divinité même. Ce qui nous paroît des défectuositez, & des defauts dans la structure de l'homme en général, est au contraire une preuve de la perfection d'un ouvrage qui n'a certainement pas été fait au hazard. Nous devons penſer, & rien même en cela n'eſt contraire à la raiſon, que ce qui nous paroît un defaut, a cependant été une choſe convenable & néceſſaire à l'harmonie générale entre tous les Eſtres créés. Nous n'en ſentons pas à la verité le raport; mais ce defaut de lumiere qui nous empêche de penetrer juſques là, a été lui-même une ſage diſpoſition de la providence, qui a eu ſes raiſons pour étendre ce voile ſur nous.

XLII. Quoiqu'à preſent il ne doive point y avoir differens dégrez d'admiration pour les differentes choſes créées, puiſque chacune dans ſon eſpece eſt parfaite relativement à ſon objet; & quoique par la même raiſon chaque circonſtance dans chaque choſe créée doive emporter le même dégré de veneration: il me ſemble cependant que ce n'eſt pas ſeulement dans les principes de vie qui ſont en nous, que je reconnois la perfection de notre compoſition, mais autant au moins dans les principes de deſtruction que nous aportons en naiſſant. Nos jours ſont comptez avant que d'être commencés ; leur terme eſt marqué avant que de commencer à courir. Les reſſorts dont nous ſommes compoſez chacun en particulier, & relativement entr'eux, ſuffiſent pour le tems prévû & limité par l'Auteur de notre exiſtence ; mais ils ne peuvent point aller au-delà. Quelque ſecouſſe que la machine eſſuye avant ce terme, elle y réſiſte & elle s'en releve, indépendamment de tout ſecours humain. Ce terme eſt-il arrivé, tout ſe diſpoſe interieurement à la ceſſation du mouvement & à la diſſolution de nous-mêmes, malgré les efforts de la prévoyance & de la ſçience humaine, qui toutes étenduës qu'elles puiſſent être, ne ſont que ténébres & obſcurité vis-à-vis les décrets éternels de notre durée.

XLIII. Rien ne me paroît donc plus puerile, que les discours que l'on tient sur l'inspection ou sur l'examen du corps humain, quand on est étonné qu'un homme ait vécu aussi long-tems, ou aussi peu de tems, & que l'on en juge sur la conformation interieure des parties, ou sur les indications exterieures. Nos yeux peuvent-ils en déveloper les combinaisons & les raports, & pénetrer dans la secrete intelligence de cette méchanique. Pour raisonner sensément sur cela, élevons nos esprits, autant qu'il nous est permis, sur ce qui est si fort au-dessus de nos lumieres ; & nous ferons une réflexion bien simple. C'est que la Terre n'a qu'une certaine étenduë ; il falloit donc que le Créateur ne multipliât point d'une maniere disproportionnée à cette étenduë, l'espece des hommes. Leur durée devoit donc nécessairement avoir un terme; & c'eſt une des raiſons qui m'a fait dire, que je trouvois l'excellence de la conſtruction de l'homme dans les principes mêmes de ſa deſtruction, en tant qu'il eſt un inſtrument de cette intelligence générale qui réſide dans l'Eſtre ſuperieur, & qui ne peut réſider qu'en lui.

Comment donc oſe-t-on ſe plaindre qu'il ne nous ait pas faits differens de ce que nous ſommes, puiſqu'il nous a faits relativement au ſyſteme général qui eſt émané de ſa ſageſſe. Mais s'il nous a aſſujettis à certaines bornes relativement à ce ſyſtéme général, combien n'a-t-il pas fait de choſes relativement à nous? N'eſt-il pas ſenſible que l'arrangement général de cet Univers a été diſpoſé dans la vûe de notre conſervation & de notre avantage? La diſpoſition de tous les Globes, cette temperature générale des Elémens, les productions ſans nombre de la terre relatives au beſoin phyſique de chacune de ſes parties dans l'objet de la conſervation générale de ceux qui les habitent ; tout nous annonce combien l'Auteur de la nature a conſideré l'homme dans l'arrangement de toutes choſes.

XLIV. Mais ſans porter nos regards ſur ce qui eſt extérieur à nous, il ſuffit de l'examen de nous-mêmes pour nous confirmer cette conſolante vérité. La conformation de chacune des parties dont nous ſommes compoſez en eſt encore une démonſtration. La vûe ſuffiſante à toute la partie néceſſaire du miniſtére des yeux, ſervant à nous conduire, & à nous défendre de ce qui nous pourroit offenſer, en proportion avec tous les objets qui éxiſtent, qu'il convient que nous voyions plus ou moins grands, aſſez forte pour être ſuſceptible d'une continuelle action, & pour admettre l'impreſſion de la lumiére ſans en être bleſſée à cauſe de la diſtance qui nous ſépare du centre qui la produit par ſes rayons. Le goût & l'odorat aſſez fins pour diſtinguer & reconnoître les choſes qui pourroient nous être utiles ou nuiſibles. Le tact opérant des ſenſations qui tendent également à notre conſervation. L'oüye ſuſceptible d'autres ſenſations qui ont le même objet, & qui ſont néceſſaires à la communication reciproque entre les hommes, & aſſez fortement compoſée pour réſiſter aux ſons qui pourroient ébranler l'harmonie entre les reſſorts de notre machine. Une action uniforme de toutes nos parties vers l'objet que nous nous propoſons, ou qui nous meut. Une altération d'action & de repos. Cette ceſſation de tout mouvement extérieur ſans cependant détruire le principe de mouvement intérieur, néceſſaire à notre éxiſtence. Cette faculté régénérative qui par l'union des deux eſpeces nous reproduit nous-mêmes d'une façon inconcevable

cevable & indéfiniſſable. En un mot nous n'avons rien en nous, qui ne nous doive paroître admirable, & qui ne nous doive donner une haute idée de notre être, par l'excellence de tout ce qui concourt à ſon entretien. A ne conſiderer l'homme pour un moment que par ſa ſtructure machinale, quel eſt l'Artiſte aſſez ingénieux pour pouvoir par les reſſources de l'art conſtruire rien qui en approche. On pourra peut-être par la méchanique rendre ſenſiblement quelqu'un des mouvemens qui s'opérent en nous; mais cette complication de pluſieurs actions dans un même ſujet & dans un même moment, peut-elle jamais être le fruit de l'art le plus ingénieux?

XLV. En effet, quelle proprieté y a-t-il dans tous les autres Etres animés qui puiſſe par la comparaiſon nous laiſſer quelque choſe à regretter, & nous donner des prétextes de murmure? Eſt-ce la viteſſe de quelques animaux terrestres ? Est-ce la légereté de ceux de l'air ? Est-ce la tranquilité de ceux des eaux ? Sera-ce la perfection de leurs organes ? S'ils peuvent au premier coup-d'œil nous paroître supérieurs aux nôtres, oublierons-nous que ce qui nous semble une perfection dans toutes ces especes & un avantage au-dessus de nous, est au contraire une preuve sensible de leur infériorité, & que ce n'a été qu'un secours qui dans la vûe de leur conservation leur a été donné pour suppléer à l'avantage que nous donnent pour nous conduire, les lumiéres de la raison. D'ailleurs cette perfection qui nous frape dans ces Etres créés, leur procure-t-elle une durée plus longue & à envier ? Sont-ils par-là à l'abri des ennemis qui les combattent pour les dévorer ? Ils n'ont pour se sauver que la fuite ou une force majeure ; n'avons-nous pas contre les méchants des ressources ordinairement plus sûres, par la faculté que nous avons d'employer l'autorité de la raison, & par celle que les méchans eux-mêmes ont de s'y conformer. Cessons donc d'être injustes & de nous plaindre, quand nous portons démonstrativement en nous-mêmes le sceau & le caractére d'une prédilection divine que tout annonce en nous, & qui nous met au-dessus de tout ce qui éxiste dans la nature.

XLVI. Pourquoi faut-il que l'homme qui ne cesse de comparer, & qui fonde tous ses jugemens & toutes ses opinions sur la comparaison, oublie cette méthode, lorsqu'il s'agit de juger sainement sur sa propre éxistence & sur ses avantages? Pourroit il se méprendre, s'il portoit un moment les yeux sur tout ce qui l'environne? Il ne verroit autour de lui que des Etres inanimés qui n'ont pour partage qu'une végétation courte, & qui sont la pâture des animaux les plus vils, ou des Etres animés, qui n'ont qu'une ſenſation machinale; qui fuyent preſque ſans aucune exception devant l'homme, que ſa raiſon inſtruit à n'en point paroître intimidé; que nous domptons; enfin qui nous ſervent pour la commodité & pour notre nourriture. Rien de pareil peut-il mériter d'être pour nous un objet d'envie & de jalouſie? c'eſt nous trop dégrader, & mettre de ſemblables eſpeces en un trop haut rang. Cependant rien n'eſt ſi commun aux hommes, que de murmurer contre les miſeres auſquelles, diſent-ils, ils ſont aſſujettis. C'eſt le ſort ſur-tout de ceux qui ſe trouvent en quelque état de ſouffrance. Mais eſt-ce toujours le defaut de notre conſtruction. Et combien de maux, faute de faire un bon uſage de la raiſon qui nous eſt donnée, faiſons-nous tomber ſur la machine la mieux organiſée. Il ſemble ſouvent que nous ne ſoyons occupez qu'à la détruire;

& c'eſt après cela que nous avons l'injuſtice de nous plaindre de l'ouvrier, ou du moins de dire qu'il auroit pû nous compoſer mieux & plus ſolidement : comme s'il avoit dû avoir pour objet en nous formant, les excès par leſquels les hommes dévoient travailler à détruire ou à affoiblir leur conſtruction machinale.

XLVII. A cette plainte, il s'en joint ſouvent une autre non moins injuſte. Elle roule ſur les bornes de nos lumieres ; on les trouve limitées, parce que la vanité de l'homme lui feroit déſirer de tout connoître, & de pouvoir déveloper les ſecrets les plus intimes de la nature. Je ne ſçai s'il ne porteroit pas volontiers ſes prétentions juſqu'à la connoiſſance des decrets de la providence. Ce n'eſt point par hazard que l'Eſtre ſuprême a mis des bornes à nos lumieres. Le péché de l'orguëil puni ſi ſeverement ſur les mauvais Anges, ne se seroit-il pas renouvellé parmi les hommes? Et se voyant aussi raprochez de cette universalité divine des connoissances, auroient-ils assez senti leur néant vis-à-vis l'Auteur de leur éxistence? Mais à raisonner physiquement seulement, comment se peut-il que l'homme dont la tête n'est susceptible que d'un certain nombre de combinaisons, & qui n'est qu'un point dans la totalité de cet univers, puisse connoître la nature & les rapports de toutes choses? Et à ne parler même que de la partie des opérations de notre cerveau qu'on nomme mémoire, peut-elle embrasser tous les faits passez depuis les premieres Epoques connuës de l'Histoire? Plus l'âge du monde avancera, & nous n'en sçavons pas le terme, plus cette disproportion se fera sentir. Cependant nous n'en vaudrons pas moins, & il ne sera pas vrai pour cela que la construction de nos corps ſoit moins bonne ou déteriorée; mais le nombre des objets ſe multipliant d'un côté, & de l'autre l'aptitude aux combinaiſons, & le nombre des traces de notre cerveau n'augmentant point, nous deviendront phyſiquement & néceſſairement encore inférieurs à l'étenduë des connoiſſances.

XLVIII. Loin de nous en plaindre, il ſemble que nous devons plutôt nous fixer à regarder comme une choſe admirable & ſurprenante, que nous ſoyions conſtruits d'une façon qui nous rende ſuſceptibles d'autant de talens, de connoiſſances & de détails, & que nous ayons en nous ce germe Divin dont on va parler, qui nous met en état de faire un bon uſage & une juſte application de ces mêmes connoiſſances. Ne ſoyons touchez de ce qui nous paroît manquer à nos lumiéres, que pour reſpecter dans les points d'obſcurité, la main qui a tracé elle-même les limites dans lesquelles nous sommes renfermez, & qui doivent être d'autant plus respectables pour nous, que nous n'en connoissons pas les causes.

XLIX. Ce n'est effectivement encore rien faire, que de s'examiner seulement d'après les proprietés machinales qui résident en nous, quelle que soit leur excellence. Pour connoître tout le prix de nous-mêmes, joignons-y autant qu'il est possible l'examen de la partie non animale, qui constituë notre extrême supériorité au-dessus de tout ce qui éxiste dans l'univers. C'est de-là que nous tirerons la connoissance de nos devoirs, & la preuve évidente que nous ne devons reprocher qu'à nous-mêmes ce qui manque à notre bonheur. C'est un souffle & une émanation de la divinité, qui aussi peu palpable & aussi peu sensible que la divinité même, d'où elle émane, agit sur nous & au-dedans de nous, qui nous conduit, qui nous conſeille, qui nous parle ſans ceſſe, qui nous interroge ſur le paſſé, qui nous détermine ſur l'avenir, qui nous reproche le mal, & qui ſatisfait notre intérieur pour prix du bien que nous opérons. Cette partie indéfiniſſable de nous eſt auſſi forte, auſſi active & auſſi entiere en nous dès le premier moment de notre naiſſance, qu'elle l'eſt dans la ſuite, & ſes opérations ſe démontrent ſeulement moins ſenſiblement juſqu'à ce que les organes foibles dans les commencemens, ayent pris une certaine conſiſtance, & juſqu'à ce qu'ayant acquis tout le reſſort qu'ils doivent avoir, ils puiſſent ſeconder paſſivement d'abord, puis activement, les impulſions de ce je ne ſçais quoi que je ne comprend point, parce qu'il eſt tout divin & qu'il ne tombe ſous aucun des ſens, mais dont j'éprouve ſenſiblement l'action. C'eſt de-là qu'émane cette faculté de percevoir des idées, d'en former des jugemens en les combinant, de raiſonner, d'agir ſenſément en conſéquence, de réſiſter à tout ce qui nous ſeroit propoſé qui ne ſeroit pas raiſonnable. Faculté qui n'a aucune autre eſpece vivante ſur la terre que l'homme, parce qu'il eſt l'image la plus rapprochée du Créateur.

L. Or cette faculté, quoique gratuite en ce que nous ne l'avons pas méritée, ne nous a pas été donnée pour rien, ni dans la vûe qu'elle reſtât inutile. Il eſt de foi que l'Auteur de la nature n'a rien fait inutilement. Auſſi en même-tems que ce preſent nous a été fait, Dieu a fait connoître à l'homme l'uſage qu'il vouloit qu'il en fît. Le premier objet en a dû être Dieu lui-même comme Auteur de toutes choſes, & par conſéquent de notre éxiſtence, qu'il a voulu qui fût une partie de lui-même. Le ſecond objet a été le bonheur des hommes ſur la terre, & les moyens de les tenir en ſocieté ainſi qu'ils y étoient destinez. Le troisiéme objet n'a pû être autre que les créatures, rélativement à leur origine commune, qui étant dans le sein de Dieu même, a dû produire des devoirs & des obligations respectifs. Nous devons donc reconnoître la bonté de l'Etre suprême au soin qu'il a pris de nous donner des préceptes même de police & de manutention. Nous devons aussi y reconnoître combien il a agi conséquemment dans l'objet général de la création ; voulant que l'homme fût supérieur à tous les Etres créés, il falloit l'assujettir à des préceptes, & lui donner la faculté de les observer ; sanscela nous serions restez dans la classe des animaux qui ne vivent ensemble tranquillement que par habitude, aux actions desquels le sentiment ne préside point, & qui s'attaquent pour se dévorer.

LI. La chose que nous puissions faire la plus contraire à l'intention de l'Etre ſuprême, & la plus deshonnorante pour nous, eſt donc de tomber dans des excès qui obſcurciſſant notre raiſon, nous ôtent la faculté d'en faire uſage. Non-ſeulement nous nous rejettons par-là dans la claſſe, d'où l'Auteur de la nature nous a tirez; mais nous nous mettons encore au-deſſous, parce que les animaux ont pour ſuppléer au raiſonnement & à la réflexion qu'ils n'ont point en partage, des organes bien plus fins que nous. Enſorte que quand notre raiſon eſt éteinte, nous nous trouvons réellement par notre ſtructure machinale au-deſſous de la condition des animaux. Nous renverſons alors, autant que nous pouvons, cette harmonie générale & rélative entre toutes ſes parties, & que le Créateur a établie dans toutes les choſes créées. Indépendamment du préjudice que nous nous portons à nous-mêmes, nous offenſons donc directement la Divinité.

LII. Qu'on ne murmure point de ce que je ne parle des animaux que comme de machines. Je ſçais combien on rapporte de leurs actions qui ſemblent pouvoir ébranler extérieurement cette opinion ; je ſens moi-même combien il y a de choſes en ce genre devant leſquelles tout raiſonnement échoüe, parce qu'elles paroiſſent dignes d'admiration. Mais ſi dans les détails particuliers la raiſon peut être embaraſſée, elle ne l'eſt point en conſidérant la matiere en général. L'Etre ſuprême a certainement créé l'homme pour avoir la ſupériorité ſur tout ce qui éxiſte ; il lui a ſoumis tous les animaux. Il n'a dicté de préceptes qu'à lui; les auroit-il retranchez aux animaux, s'ils avoient été dans la même claſſe que l'homme ? C'eſt à lui ſeul qu'il a annoncé des peines & promis des récompenſes. Or ſi les animaux ne ſont pas composés comme l'homme, ils ne peuvent être que des machines qui ont à la vérité tous les resſorts néceſſaires à leur conſervation, mais qui n'ont rien de plus. Il n'eſt point à ce qu'il ſemble de logique qui puiſſe être miſe en oppoſition avec ce raiſonnement, & ſi l'on voit de la part des animaux des choſes frapantes par leur ſingularité ; renfermons-nous à dire qu'elles ſont une preuve de la perfection de l'ouvrage ; mais ne nous laiſſons jamais tirer hors du retranchement inattaquable que l'on vient de tracer, ſans quoi de raiſonnement en raiſonnement on ſeroit conduit malgré ſoi aux opinions les plus abſurdes, & les plus contraires à tous les grands principes.

LIII. Aimer, ſervir & adorer l'Etre ſuprême, eſt une choſe conforme à la raiſon naturelle. On doit de l'amour à quelque choſe de parfait à qui on doit tout ; & l'on ne peut jamais réflechir ſur ſoi-même, ſans ſe rappeller cette vérité qui eſt une conſéquence néceſſaire de notre formation & de notre état. On ne peut ſervir l'Etre ſuprême d'une façon, digne de lui, par rien qui ſoit extérieur à lui ; ce ne peut donc être que par l'obſervation de ſes préceptes. Quelque contrainte que ces préceptes ſemblent nous impoſer, elle ne peut, même ſelon les lumiéres de la raiſon, être miſe en balance avec le prix qui y eſt attaché, ſoit que l'on conſidere la nature de l'objet ou ſa durée, parce qu'il ne peut y avoir aucune proportion entre le fini & l'infini.

LIV. Si c'eſt un devoir que la raiſon naturelle dicte à l'homme, il ne peut jamais être heureux que par-là ; toutes les fois qu'il s'en écarte, il travaille contre ſa propre ſatisfaction. C'eſt par une ſuite de ce même ſentiment intérieur & naturel, qu'aucune des choſes d'ici-bas n'eſt capable de nous rendre heureux ; ce vuide ne vient pas ſeulement de leur nature mais de la nôtre propre. C'eſt une des proprietés qui nous différencie le plus des animaux, à la ſatisfaction machinale deſquels rien ne manque, dès qu'ils ont ſatisfait leurs beſoins réels: au lieu que quelque ſuccès que nous ayons dans nos deſirs lorſqu'ils n'ont pour objet que les choſes terreſtres, il manque toujours quelque choſe à notre tranquilité intérieure, & par conſéquent à notre bonheur, ſi nous avons quelque reproche à nous faire ſur ces devoirs eſſentiels dont on vient de parler. Nous ne ſçaurions donc être heureux, dès que nous perdons de vûe notre origine, & notre fin, & par conſéquent les objets dignes de l'une & méritoires de l'autre. Car telle eſt la nature de ces obligations que nous n'éprouvons aucun bonheur ſolide ni durable ſans les remplir, & que notre fidélité à les pratiquer peut ſeule exciter dans notre conſcience ce témoignage intérieur qui eſt au-deſſus de tous deſirs.

LV. Demandez à tout homme quel eſt l'objet qui l'occupe le plus, & qu'il eſtime le plus digne de l'occuper, il vous dira toujours que c'eſt celui de ſe rendre heureux, & en cela il vous dira vrai ; enſorte qu'il n'eſt plus queſtion que d'examiner s'il ne ſe trompe pas dans le choix des moyens. Or ſa folie ordinaire eſt de croire qu'il y travaille ſolidement. C'eſt dans cette vûe qu'il cherche les richeſſes, & qu'il ſollicite les honneurs, & c'eſt pour cela qu'il ne ſe tient point pour tourmenté de toutes les peines & de tous les travaux que lui coute cette pourſuite. Cependant nous n'avons point d'autre raiſon de croire y trouver notre bonheur, que parce que nous ſentons que nous les déſirons ; car nous devrions auſſi trouver la preuve que ce ne ſont pas les moyens propres par eux-mêmes à operer notre bonheur, dans la réflexion que de nos deſirs le plus pleinement ſatisfaits, il en naît immédiatement d'autres qui nous occupent aussi vivement que les premiers, quoique naturellement les besoins soient devenus moindres par les premiers sujets de notre satisfaction momentanée. La raison de ce mécompte, est que le germe de notre bonheur n'est point dans les choses qui nous environnent, mais en nous-mêmes ; & que ce germe ne se dévelope point aussi long-tems que nous nous méprenons sur les objets, & que nous frapons à un autre but. En effet chercher hors de soi ce qu'on ne peut trouver qu'en soi, c'est se tromper soi-même de gayeté de cœur ; aussi l'Etre suprême nous punit-il par notre propre tourment, de l'égarement dans lequel nous tombons malgré les lumieres naturelles dont il nous a prévenus. Il est encore une autre conviction de notre erreur, dans les momens où prêts selon les décrets de la Providence à abandonner ce qui a fait l'objet de nos plus vifs empressemens, nous sentons que tout nous manque, lorsqu'au moment d'être dégagez des liens qui nous avoient attachez à la terre, nous nous voyons vuides de toutes les ressources assorties à la dignité de notre origine & à l'objet de notre fin. Et en effet, l'homme qui aura consacré tous les momens de sa vie, soit à acquérir même légitimement de grandes richesses, ou à satisfaire sans crime une ambition, raisonnable selon le monde, ne sera point en finissant sa carriere, tranquile sur le compte qu'il a à rendre de l'emploi de ses jours, parce que le précepte n'est pas rempli pour cela seulement que l'on n'a pas fait le mal que l'on pouvoit faire. L'Etre suprême éxige encore que nous ne soyons pas vuides de bonnes actions.

LVI. Ce qui nous empêche ordinairement d'être vertueux, c'est que nous perdons trop tôt de vûe ces grandes considérations, & que moins elles nous occupent, plus nous avons de répugnance à faire des retours sur nous-mêmes, parce que nous n'y trouvons rien, si nous sommes de bonne foi, qui soit propre à flatter notre amour-propre, ni qui puisse même nous satisfaire. Semblable à ceux qui sçachant en général qu'ils ont des dettes considérables, à payer, évitent, parce qu'ils le craignent, de voir l'état au juste de leurs affaires; on sent qu'on est malade, mais on apprehende de connoître son mal dans son étenduë; ou si l'on fait cet effort sur soi, c'est ordinairement quand la maladie est devenuë sans reméde, ou quand elle est au point, que saisi uniquement de terreur & d'effroi, on perd le courage d'en entreprendre la guérison. On trouve la vie trop courte pour cela, on se dit à soi-même qu'un peu plus ou un peu moins n'y fait rien, & l'on meurt dans le désordre dans lequel on a vêcu. Il faut convenir qu'il y a en cela un grand défaut de jugement ; mais les circonſtances nous entraînent ; nous nous laiſſons ſéduire ; nous cédons à tout ce qui nous environne ; & les conſidérations ſur nous-mêmes ſont la derniere choſe qui entre dans les motifs de notre conduite ou de nos déterminations. Il y a cette biſarrerie en nous que conſidérant toujours rélativement à nous les effets des partis que nous prenons, des deſirs qui nous occupent, des craintes qui nous agitent, ou des eſpérances qui nous enyvrent, il ſemble que nous ne nous comptions pour rien, quand il eſt queſtion de nous decider ſur les principes, abſtraction faite des effets.

LVII. L'Etre ſuprême ne ſe contente cependant pas en notre faveur du précepte & des lumieres de la raiſon naturelle dont il nous éclaire ; il nous conduit plus loin, il nous procure des ſecours dès les premiers momens de notre vie. A peine ſommes-nous nez, qu'on place auprès de nous des personnes qui semblent, pour ainsi dire, être à l'affût des premieres étincelles de raison ou de conception qui nous échapent, pour les saisir & pour commencer à nous instruire de nos devoirs en corrigeant nos humeurs, en nous apprenant la pratique de l'obéissance, de la docilité, du respect envers ceux à qui nous en devons. Ensorte que nos premieres perceptions s'operent sur des maximes utiles, & conformes à des obligations dont il est reservé à un âge plus avancé de connoître par le raisonnement l'étenduë & le prix. Heureux si nous ne convertissions pas de bonne heure en vanité les motifs de l'amour-propre, par lesquels dès la plus tendre jeunesse on travaille à saisir notre goût, & à nous porter au bien. Mais à peine sommes-nous livrez à nous-mêmes, que nous perdons en un jour plus que nous n'avons acquis en huit, parce qu'alors les leçons cessent, les mauvais exemples prennent la place, & l'abîme se creuse si promptement que bien-tôt on n'en trouve plus le fond.

LVIII. Le premier langage de l'amour-propre en ce moment, est de nous faire regarder comme une honte & un opprobre d'être observez par des yeux clairvoyants qui semblent annoncer sans cesse un contrôle dur & fâcheux. L'idée seule nous en blesse, & les propos plus libres de ceux de notre âge, achevent de nous tourner la tête, & d'augmenter en nous le goût d'une indépendance déraisonnable. Plus on l'a désirée, & plus il est facile d'en abuser, lorsqu'une fois on est parvenu à secouer le joug. Persuadé que n'étant plus observé, on parviendra à cacher les folies de jeunesse, on croit pouvoir se livrer à tout impunément, parce qu'on ne craint plus ni correction ni châtiment. Car la crainte est un mouvement dont la Providence nous a sagement rendus susceptibles, elle commence dans la pratique des vertus chrétiennes ce que l'amour acheve & perfectionne, & elle ſupplée à ce qu'à certains âges & dans certaines poſitions, la raiſon ne peut pas operer ; c'eſt par-là que l'on contient preſque toujours l'enfance. Auſſi quand la jeuneſſe eſt parvenuë à en étouffer le ſentiment, il ne reſte preſque plus de moyens de la conduire au bien, ou d'arrêter ſes excès ; & l'on n'a plus que la malheureuſe reſſource d'eſperer que le nombre des extravagances joint à l'âge operera un changement dans les mœurs. Mais cette eſpérance réellement bien foible en elle-même, & ſouvent conçuë trop legérement, ne ſert qu'à nourrir la trop grande indulgence & la foibleſſe que nous avons pour ceux qui dépendent de nous. Non qu'il faille déſeſperer abſolument ; mais on eſt repréhenſible de négliger les autres reſſources.

LIX. Malheureuſement il nous eſt

difficile de tromper la jeunesse sur les foiblesses qui nous empêchent de la bien conduire. Elle a des yeux clairvoyants sur nos propres défauts ; & comme d'ailleurs elle n'est occupée que du seul soin d'en abuser, elle est ingénieuse à en trouver les moyens, & les trouve même indubitablement. Il suffit qu'elle croye pouvoir compter sur notre indulgence pour la mettre à toutes sortes d'épreuves, & rarement elle s'y trompe. Aussi rien n'est-il plus important que d'entretenir les impressions de crainte ; la crainte a cependant besoin d'être temperée par la douceur, & par le raisonnement propre à former le jugemenr & à faire naître les réflexions. La crainte seule que produit la sévérité aigrit quelquefois, & occasionne souvent l'endurcissement, au lieu de corriger. Il faut que le joug se fasse sentir, mais il faut qu'il soit doux. Le grand art est de rendre la pratique des devoirs agréable, & d'y attacher des charmes. Et si nous ne nous en sentons pas capables, un de nos premiers devoirs est d'y suppléer en mettant en notre place des gens choisis qui puissent operer le bien que nous sentons intérieurement que nous devrions faire.

LX. Mais loin de contribuer de notre côté à éloigner autant que nous pouvons ce goût de l'indépendance, nous faisons au contraire tout ce qui est propre à le faire naître ou à le fortifier. Nous introduisons la jeunesse de bonne heure dans le grand monde, nous la laissons sur sa bonne foi. Bien-tôt après, nous lui donnons dans la robe ou dans l'épée, par des emplois, ou par des alliances, des établissemens, qui lui formant une espece d'état, la tirent encore plus sûrement de dessous les yeux qui la devroient observer encore long-tems. Les établissemens sont même selon nous un nouveau titre pour faire cesser toute gêne; on ne peut pas, diſons-nous, conduire comme un enfant, un jeune homme qui a un caractére dans le monde. Nous nous imaginons qu'il en auroit moins de conſidération, & dans la fauſſe idée de lui en procurer une paſſagere & qui n'eſt qu'apparente, nous perdons ou nous négligeons les moyens de lui en aſſurer pour l'avenir une ſolide parmi les gens ſenſés. Ne nous étonnons donc point, ſi avec une pareille méthode il ſe fait de médiocres, ou plutôt de mauvaiſes éducations. Une éducation de cette eſpece a même de plus grandes ſuites que nous ne croyons ; quelqu'un médiocrement bien élevé, ou gâté par l'éducation en donne rarement une bonne à ceux dont il prend, ou doit prendre ſoin ; ſoit parce qu'on en eſt incapable ; ou parce que l'amour-propre nous porte à croire qu'une éducation eſt ſuffiſante, quand elle eſt telle que nous l'avons reçûë ; & c'eſt ainſi que de génération en génération, la corruption se perpetuë & même augmente, parce qu'à chaque degré il se joint de nouveaux défauts ou de nouveaux vices. Les suites d'un mauvais principe sont innombrables, comme la séve produit dans un arbre des rejettons infinis qui tuent la tige, quand une main habile ne retranche pas à propos les branches inutiles ou mauvaises.

LXI. Le langage que l'on tient ordinairement à la jeunesse acheve encore de la gâter. De quoi nourrit-on ses premieres idées ? Un homme de qualité a grand soin d'instruire ses enfans de la grandeur de leur naissance, & du prix de la noblesse ; mais si en même-tems il ne leur apprend pas quelles en sont les obligations, il n'en fait que des hommes vains. L'homme de néant que le hazard ou la fortune a élevé, cache avec soin aux siens son origine, & les laissant dans l'erreur, il les expose à s'entendre rappeller par des étrangers des époques humiliantes qu'il faudroit ne pas ignorer, pour sçavoir ne point sortir de son état, & ne point donner dans un ridicule orgueil, que les gens sensez méprisent toujours. Les gens riches, sans distinction d'état ni de qualité, ne laissent connoître à leurs enfans que l'opulence, & ils leur inspirent eux-mêmes le goût du luxe en leur en faisant contracter la molesse, parce qu'on a la vanité de se croire décoré par un vain appareil qui efface tout ce qui environne. Mais dira-t-on, est-ce que de propos déliberé on fait le projet de gâter ses enfans ? Non, on ne taxera point les hommes d'un si funeste dessein prémédité ; mais nous ignorons nos propres défauts ; comme nous les portons toujours avec nous, les effets s'en répandent sur tout ce que nous opérons, & d'ailleurs nous avons la sotte vanité de croire que nos enfans valent assez, s'ils nous ressemblent parfaitement.

LXII. De là vient qu'ordinairement

les enfans ſont ſemblables à leurs Peres, ou à ceux qui les ont élevez, parce qu'on les forme toujours à ſa reſſemblance. Un poltron ne fera point de ſon éleve un brave homme; un avare, un homme libéral ; un glorieux, un homme modeſte. Le contraire n'eſt cependant pas abſolument ſans exemple, mais ces exemples ſont rares, & ils ſuppoſent un prodigieux triomphe de ſoi-même. En vérité il faudroit élever des ſtatuës à qui connoîtroit aſſez bien ſes défauts pour ſe faire juſtice, & qui auroit aſſez d'art & de courage pour en dérober la connoiſſance & même le ſoupçon à celui dont l'éducation lui ſeroit confiée. On ne parle point de ces vices dont l'humanité rougit toujours, mais de ces défauts qui ſans deshonorer l'homme le déteriorent cependant beaucoup, parce que ce ſont ceux-ci ſur leſquels on ne ſe contraint point.

LXIII. Quand le terme ordinaire des leçons journalieres eſt paſſé, un des plus grands ſervices qu'on puiſſe rendre aux jeunes gens, eſt de les tirer des ſocietés de leurs pareils, & de leur inſpirer du goût s'il eſt poſſible pour celles de gens d'un âge plus meur, & d'une réputation faite, qui ayent cependant aſſez conſervé des agrémens du monde, pour ne pas effrayer par les épines de la morale & par l'extérieur de la triſteſſe, une jeuneſſe naturellement portée à fuïr ce qui lui paroît trop éloigné d'elle, de ſes inclinations & de ſa vivacité. Ce n'eſt que par cette méthode qu'on peut accoutumer peu à peu les jeunes gens à s'élever au-deſſus de l'évaporation de leur âge, & à prendre le goût du ſentiment & de la réflexion. Les hommes, à quelqu'âge que ce ſoit ont beſoin d'être excitez à fréquenter bonne & utile compagnie. Il eſt en nous & du reſſort naturel de l'amour-propre, de chercher des ſocietés où nous puiſſions primer, ou du moins être de niveau avec ceux qui les composent. C'est le moyen de ne jamais rien acquérir, & de demeurer toujours au même point. Et ce que nous regardons ordinairement comme compagnie à notre convenance, est dans le vrai, celle de laquelle nous ne pouvons tirer aucun profit pour la formation du cœur ou de l'esprit. Ce genre d'amour-propre doit paroître bien mal entendu, tandis que pour toute autre espece de choses qui tendent à flatter notre goût ou nos sens, nous sommes occupez à chercher ce qu'il y a de plus parfait & de plus exquis. C'est être trop contradictoire avec soi-même ; & je me persuade à mesure que j'avance que l'homme est bien nommé une espece indéfinissable pour lui-même & pour ses pareils.

LXIV. Cette définition se vérifie en effet encore mieux, quand l'homme sorti de cet âge, où la plus grande partie des actions se fait sans réflexion, & où borné au seul présent, il il ne ſonge pas même à porter ſes regards ſur l'avenir le plus prochain, il s'occupe des ſoins domeſtiques & de ſa fortune. C'eſt alors qu'il obſerve ce qui l'environne, mais uniquement pour s'élever au-deſſus de tous ces objets, par tout ce qui peut flatter ſon amour-propre, & ſa vanité. Je ne dis pas qu'il n'y ait des gens qui faſſent un bon uſage de leur fortune ou de leur élevation; mais demandons à la plûpart ſi ç'a été leur vûe quand ils ont commencé à deſirer: s'ils ſont de bonne foi, ils avoüeront que non. Rien n'eſt ſi équivoque pour la connoiſſance de l'homme que ce qu'il paroit être pendant qu'il eſt occupé du ſoin de ſon avancement; il en eſt rarement alors dont on n'ait pas raiſon apparente de penſer & de dire du bien; mais ſouvent ce n'eſt qu'une écorce ou un maſque. Le vrai moment de connoître les hommes eſt quand n'ayant plus rien à deſirer, ils ſe croyent dans le cas de ne se plus contraindre. C'est alors qu'on les peut juger, autant cependant que nos lumieres le permettent dans une matiere aussi obscure & couverte d'autant de nuages. Nous ne sommes pas assez précautionnez sur cela, & nous sommes même dans l'usage de porter ce genre d'erreur jusques sur les choses les plus indifférentes. Voulons-nous commander quelqu'ouvrage que ce soit, nous nous adressons toujours à celui qui a la plus grande vogue & la plus grande réputation. Je conçois qu'elle peut avoir été justement méritée ; mais on se donne moins de peine pour la conserver quand on se croit assuré de l'opinion publique, que l'on ne s'en est donné pour l'acquérir. Ainsi on peut regarder souvent comme une duperie, de préferer en matieres d'arts, des hommes qui peuvent, ou qui croyent pouvoir abuser de la prévention générale en leur faveur, à ceux qui sont dans le cas de vouloir en excellant dans leurs ouvrages, se faire une grande réputation. Il en est de même dans tous les états de la vie, où l'on voit que peu de gens répondent aux espérances qu'on avoit conçuës d'eux, quand ils sont une fois au point de n'avoir plus rien à souhaiter.

LXV. Il y a pourtant des exemples de gens supérieurs qui s'étant formé une douce habitude d'aimer & de faire le bien, en quelqu'état qu'ils se trouvent, ne se démentent jamais. La liste à la vérité n'en est pas nombreuse ; & on ne leur rend pas toujours justice, parce que nous sommes plus portez à croire le mal que le bien, & qu'on trouve plus de satisfaction à critiquer qu'à loüer. En général, il est constant que quand nous sommes occupez de quelque desir, nous serions bien embarassez à en produire quelque motif qui fût digne de loüange. La premiere impulsion est presque toujours l'amour-propre d'où naissent tant de fausses vertus ;

car j'appelle ainsi toutes celles qui ne sont pas solides. Or elles ne le sont point, toutes les fois qu'elles doivent leur naissance au respect humain, avec lequel nous ne croyons pas avoir toujours à compter. De là tant de mauvaises actions que leurs auteurs ont hazardées, parce que n'agissant par aucun principe, ils ont compté que la lumiere du grand jour ne pénétreroit pas jusqu'à leur iniquité. Tels sont les hommes qui oubliant ce qu'ils doivent à eux-mêmes & à leur origine, ne sont conduits que par l'amour-propre, & qui s'imaginent dans le moment avoir assez fait, quand ils n'ont donné aucun motif apparent de reproche contre eux. Mais cet amour-propre nous trahit plutôt que nous ne croyons. L'habitude au mal en diminuë la nuance à nos yeux. Nous faisons le lendemain sans en rougir, ce dont la veille nous aurions eu honte. Communément les voleurs publics qui parviennent à affronter les dangers, ont commencé par un ſimple eſcamotage que peut-être même ils ne hazardoient qu'avec crainte. Le front le plus timide ſe raſſure, & comme le crime produit à la fois l'endurciſſement du cœur & l'aveuglement de l'eſprit, la Providence a réſervé la témerité pour ſervir d'inſtrument à découvrir les criminels aux yeux des hommes, & à faire tomber ſur eux le châtiment prononcé par les Loix.

LXVI. Si les hommes en chaque état vouloient s'examiner dans une ſorte de rigueur, ils reconnoîtroient ſans doute clairement, qu'ils ne conſidérent qu'eux, & qu'ils ne ſont conduits que par l'amour-propre dans tout ce qu'ils déſirent. Mais on eſt autant indulgent pour ſoi, que l'on eſt ſévere ſur le compte des autres, & jamais on ne ſe dit à ſoi-même ce qu'on eſt toujours prêt à dire à ſes pareils. Cependant il eſt certaines véritez qui peuvent être appliquées pour ainſi dire à tous les hommes. Par exemple, celui qui travaille avidement à accumuler des tréſors,a-t-il déterminé d'avance avec lui-même l'uſage qu'il en veut faire ; & s'il a médité ſur cela, eſt-ce dans quelque vûe indépendante de lui-même & de ſon perſonnel ? Eſt-ce pour être en état de donner une meilleure éducation à ſes enfans ? Pour faire des œuvres pieuſes ? Pour aider des malheureux ? Pour ſoutenir des familles affligées ? Pour nourrir des pauvres ? Pour tirer ſa propre famille de l'indigence ? Ou enfin pour quelqu'autre genre de vûe que ce ſoit dans laquelle on puiſſe ſe rendre le témoignage de ne s'être compté pour rien ? N'eſt-ce pas plûtôt afin de vivre ſoi-même avec opulence ? Afin de ſatiſfaire ſon propre goût pour le luxe ? Pour s'attirer un grand nombre de complaiſants ? Pour laiſſer de riches héritages dont on ignore ſoi-même le ſort & la deſtinée ? Pour procurer de grands établiſſemens à ſes enfans; ſans employer ſa premiere aiſance à les en rendre dignes ? Je conviens qu'on fait quelquefois de ſes biens quelqu'un des uſages loüables qu'on vient de dire, qui auroient dû être les mobiles du deſir. Mais la preuve qu'ordinairement ce n'a pas été le motif, c'eſt que ſouvent on en fait un uſage oppoſé, & que d'ailleurs, on ne met point de bornes à ſes deſirs, qui cependant auroient un terme, ſi l'on ne ſe propoſoit de n'en faire qu'un uſage ſage & raiſonnable, & ſi l'on comparoit ſa fortune acquiſe plutôt avec le point d'où l'on eſt parti, qu'avec les autres degrés d'opulence plus grande que l'on a devant les yeux.

LXVII. L'homme qui deſire des honneurs & des places, enviſage-t-il autre choſe que les émolumens qui y ſont attachez, la conſidération qu'il eſpere y trouver, la ſatisfaction d'approcher de plus près la perſonne de ſon maître, la diſtance qu'il va laiſſer entre lui & le reſte des humains, les clients qui vont remplir ſes appartemens, les reſpects dont il goûte d'avance la dangereuſe yvreſſe ; enfin la facilité qu'il va avoir à arracher ou à enlever d'autres graces ? Quand il ſe met en route pour arriver au faîte des grandeurs, ſe propoſe-t-il d'employer utilement les revenus dont il va joüir ? De profiter des occaſions d'être auprès de ſon maître pour faire valoir le mérite, pour faire arriver la timide vérité au pied du trône, & pour défendre l'innocence contre l'injuſtice & l'oppreſſion ? De ne conſiderer l'intervalle qui le ſépare des autres hommes, que pour les rapprocher par ſes bienfaits ? De n'enviſager des clients que pour en faire des heureux ? De ne ſentir les reſpects qu'il va recevoir, que pour les rapporter au maître qui en eſt le mobile ? Enfin de ne ſe ſervir des accès que la faveur lui donne, que pour faire tomber les graces ſur ceux qui ont le mieux ſervi le Maître & l'Etat ? Si l'Ambitieux n'avoit que de pareilles vûes, ſe préteroit-il à mille moyens pervers pour faire ſa fortune ? Quiconque ſeroit ainſi pénétré de l'amour du bien, ne connoîtroit que les voyes légitimes ; & celles qu'il employe ſont pour l'ordinaire la plus grande preuve du défaut de ſes motifs, & le plus funeſte avant-coureur du mauvais uſage qu'il en fera. En effet que peut-on attendre de bon, de celui qui arrive au grand par des voies illégitimes? La corruption de ſon cœur eſt certaine, & ſes motifs ne ſçauroient être purs.

LXVIII. Un homme de naiſſance, ou un homme riche qui étant marié ſéche de douleur de n'avoir point de fils, ne ſuit-i lque ce mouvement naturel qui fait déſirer aux hommes en général de ſe renouveller dans leurs pareils ; ou eſt-il occupé ſeulement du desir de donner des Sujets à son Prince & à l'Etat? N'est-il pas plutôt conduit par un sentiment de vanité qui lui fait regarder comme le plus grand des malheurs, de voir finir avec lui un nom qui a éxisté pendant un certain nombre d'années, ou de voir passer à des collateraux ou à des parens éloignez des biens qu'il avoit esperé de réunir sur une même tête? Cette façon de penser est une de celles que l'on passe d'ordinaire le plus aisément aux hommes; & cependant à parler sensément, c'est une de celles où il me paroît qu'éclate le plus cet amour propre qui empoisonne la vie. Il semble même que les gens qui se mêlent de juger, ne traitent pas tous les hommes sur cela avec une juste égalité. Un particulier qui n'aura qu'un bien médiocre & un nom honnête, passera pour ridicule, s'il est occupé de cette pensée; & cependant on fait plus que l'excuser dans un homme de naissance ou dans un homme fort riche. La loi me paroît pourtant à peu de chose près devoir être égale, sauf à donner quelque chose à l'opinion, mais avec mesure. C'est en ce genre moins au particulier qu'à l'Etat à désirer ; en effet, le corps de l'Etat doit souhaiter que certaines familles anciennes qui font une partie de son lustre se conservent, parce qu'on peut présumer qu'un homme qui compte parmi ses ayeux des hommes illustres, sera plus accessible à l'émulation de soutenir leur renommée. De même on peut dire que l'Etat a plus de ressources à trouver dans une fortune considérable rassemblée dans une seule main, que dans cette même fortune, qui partagée en plusieurs branches, ne fait dans chacune que de l'aisance, sans richesses.

LXIX. Celui qu'on destine, ou qui s'est destiné à la robe, cherche-t-il autre chose qu'une certaine conſidération, qui naît du droit de décider du ſort des autres hommes ? Le Militaire ſe propoſe-t-il autre choſe qu'un avancement dans les grades, qui laiſſe ſouvent derriere lui beaucoup de gens, qui peut-être en ſeroient plus dignes ? Un homme d'Egliſe veut il autre choſe qu'une dignité, qui ſoumette à ſa juriſdiction un nombre de perſonnes ſouvent plus capables que lui du gouvernement Eccleſiaſtique ? Déſire-t-on les emplois les plus pénibles dans d'autre vûe que celle du relief ou de la fortune qui y ſont attachez ? La preuve de ces triſtes véritez ne ſe tire-t-elle pas de ce que chacun déſire, avant que d'avoir examiné s'il ſera propre à la choſe qu'il ſouhaite ? Or on commenceroit ſûrement par cet examen, ſi l'on n'étoit conduit que par l'amour du bien ; & l'on tenteroit vainement de perſuader qu'on eſt touché & occupé du ſoin de remplir ſes devoirs, quand il eſt vrai, que l'on contracte des obligations, avant que d'en avoir connu le poids & l'étenduë. Heureux pour eux-mêmes & pour le corps de l'Etat, ceux qui se conduisent sur des principes différens ! car je ne suppose pas qu'il n'y ait personne capable de penser plus purement & plus sensément ; mais si le nombre en est petit, tout citoyen qui réflechit sur un pareil abus, & qui en sent les suites funestes, ne doit déplaire à personne, quand il forme tout haut le vœu de voir les hommes se compter pour un peu moins dans leurs déterminations, puisqu'effectivement l'homme se doit autant à la societé dans laquelle il est né, qu'à lui-même.

LXX. Mais indépendamment du vice qui se trouve dans l'objet & dans le motif des desirs, l'homme se trompe pour lui-même, quand il croit que ces idées dont il s'occupe, puissent faire son bonheur. A peine a-t-il acquis ces graces, ces places, ces emplois, ces biens qui ont exercé son ambition, que de nouveaux soins l'agitent & l'inquiétent pour les conserver. L'homme riche craint les banqueroutes, les voleurs domestiques ou étrangers, & mille accidens qui étant dans l'ordre de la nature, peuvent d'un moment à l'autre diminuer ou renverser sa fortune. L'Ambitieux apprehende un ambitieux, autant ou plus heureux que lui. En vain a-t-il épuisé pour son élevation tous les ressorts de la prudence humaine ; sa prévoyance va encore plus loin pour son tourment, que les précautions qu'il a prises contre les dangers dont l'image trouble son repos. Au desir d'acquérir succéde le soin de conserver ; & l'un & l'autre sont ses boureaux familiers. Plus on a à conserver ; plus on est pour ainsi dire, dans l'obligation de marcher toujours armé. On s'imagine ne voir que des ennemis ou des envieux ; & si une crainte cesse & se dissipe, il ſemble que ce ne ſoit que pour faire place à une nouvelle agitation, qui occupe auſſi vivement & auſſi abſolument que celle qui l'a précédée. Quelle ſituation horrible que celle d'être toujours en guerre avec ſoi-même, ou avec les autres, & ſouvent avec tous les deux ! Eſt-ce vivre, ou plûtôt n'eſt-ce pas mourir à chaque moment de ſa vie ? Ce n'eſt donc point dans ces objets extérieurs que peut réſider notre bonheur.

LXXI. Ces objets ne ſont par rapport à l'homme qu'une yvreſſe ; or l'yvreſſe des ſens met la nature dans une inaction totale : au lieu que celle du cœur & de l'eſprit n'eſt jamais ſi complete, qu'elle ne laiſſe place aux réflexions qui font notre tourment. L'homme que la force de la liqueur a ſurpris, n'eſt malheureux, que lorſque reveillé il ſent l'impreſſion qu'elle a faite ſur ſon corps ; mais l'homme enyvré par les deſirs, ou même par les ſuccès, ne paſſe pas un jour ſans quelque ſentiment de ſon état. Toute fortune que le hazard donne, ou qui dépend de la volonté des autres, n'eſt jamais un moyen aſſuré de notre bonheur intérieur ; & toutes les fois que malgré les efforts les plus ſuivis, un bien que nous avons acquis peut nous échaper auſſi aiſément qu'il a paſſé entre nos mains, nous n'en pouvons jamais concevoir une idée qui faſſe notre tranquilité, & notre ſatisfaction parfaite. Il nous ſuffit de nous rappeller que nous en avons pû dépoüiller quelqu'un, pour ſentir que nous pouvons à notre tour en être dépoüillez. Et c'eſt alors que nous nous retraçons ſouvent devant les yeux l'hiſtoire ſi nombreuſe des illuſtres malheureux, non pour en tirer un ſujet de morale conſolante, mais pour augmenter nos inquiétudes, au lieu de travailler à les prévenir par des précautions, ou à les guérir par des remedes efficaces. Or plus les objets

objets d'inquiétude ſe multiplient, plus nous ſommes malheureux, parce qu'en même-tems nous ne voyons pas multiplier en nous les reſſources de l'eſprit & du cœur, qui pourroient nous mettre, au moins par notre façon de penſer, au-deſſus des évenemens; cependant s'il ne dépend pas abſolument de nous de nous élever ainſi, il faut au moins convenir que ſi nous voulions faire uſage des facultés qui ſont en nous, nous pourrions beaucoup adoucir l'amertume des revers qui ne nous accablent, que parce que la même yvreſſe qui nous a ſéduits, eſt elle-même un obſtacle à ce que nous nous ſecourions.

**LXXII.** On peut remarquer ce défaut de reſſources intérieures, particulierement dans la maniere dont nous portons, pour ainſi dire juſqu'au tombeau, les inquiétudes qui nous ont agitez dans le cours de notre vie. Tourmentez par les moïens d'acquérir & de conſerver, nous nous occupons encore en mourant de précautions, ſouvent inutiles, ſur le ſort de ce que l'ordre de la nature veut que nous abandonnions. Nous ne nous en rapportons même pas à la diſpoſition ordinaire des Loix, & nous ſaiſiſſons la liberté qu'elles nous laiſſent ſur certains points, pour porter nos regards juſques ſur l'avenir le plus incertain : comme ſi nos arrangemens ſur cet avenir auquel nous ne pouvons pas concourir, pouvoient avoir plus de ſolidité & de force contre les évenemens, que les précautions qui de notre vivant même deviennent ſi ſouvent inutiles. Effet admirable de la Providence qui fait trouver à l'homme le ſujet de ſon humiliation dans les objets mêmes qui l'ont occupé le plus ſérieuſement & le plus agréablement en apparence ! Quelle manie à l'homme de porter juſques dans la nuit du tombeau l'eſprit de vertige, qui n'a fait du cours de ſa vie qu'une ſuite d'égaremens honteux.

LXXIII. Ce principe d'humiliation, au moins pour tout homme ſenſé, me frape encore bien plus vivement, lorſque je conſidere la néceſſité, ou l'uſage où nous ſommes de faire des démarches & de ployer pour ainſi dire le genoüil devant des hommes, pour qui dans le fond de notre cœur nous n'avons quelquefois ni eſtime ni conſidération, que nous ne voudrions quelquefois pas conſulter ſur la moindre choſe, & dont cependant nous ſollicitons la faveur & les ſuffrages pour le ſuccès des vûes qui nous occupent. Peut-on s'imaginer, que ce qui, ſelon le monde, éxige de ſemblables manœuvres, puiſſe opérer notre bonheur intérieur & ſolide ? Quand la même main qui nous a ſoutenus, peut en ſe retirant nous faire tomber avec éclat : quelle opinion devons-nous avoir de la ſolidité d'un tel appui ; plus encore lorsqu'il ne dépend pas de nous que cette main se retire, ou nous soutienne. Hommes, vous vous aveuglez donc, quand vous croyez travailler à votre félicité, en oubliant votre origine, & en cherchant au loin ce qui n'est qu'en vous, & qui ne peut être l'ouvrage que de vous seuls, conduits & soutenus par quelque chose de supérieur à tous les hommes.

LXXIV. Revenons donc au dedans de nous ; examinons quelle est notre essence rélativement à l'Auteur de notre être, & nous sentirons que la paix intérieure avec l'Etre suprême est le sceau de notre véritable félicité. Il peut seul nous suffire, & lui tout seul nous suffit. Le simple raisonnement nous le doit persuader ; car si rien de ce qui est dans la nature n'est permanent par soi-même, il faut revenir à quelque chose qui soit solide indépendamment de ce qui éxiste. Si la volonté des hommes, si leur goût, & leur prédilection changent pour ainſi dire au gré du hazard, il faut s'attacher à quelque choſe qui immuable par ſoi-même le ſoit auſſi dans ſes dons. Deux parties foibles qui s'appuyent périront néceſſairement l'une par l'autre. Cherchons donc un appui qui ſoit plus fort que tout ce qui peut attaquer notre foibleſſe. Eſt-ce dans les choſes de ce monde que nous le pourrons trouver ? Non aſſûrément ; c'eſt dans celui qui tient en ſa main la révolution des ſiécles, & qui confondant à ſon gré tous nos projets, nous avertit que nous devons ramener à lui tous nos deſirs. La brieveté du terme qu'il a fixé à nos jours, ne nous apprend-elle pas, que ce n'eſt point ici-bas qu'il a voulu que nous fixaſſions notre attachement & l'objet de nos deſirs ? Tout voyageur doit avoir une fin, ou du moins ſe laiſſer mener à celle que lui indique celui qui veut bien prendre ſoin de le conduire.

LXXV. Je ne dis pas qu'il n'y ait

des choses que l'homme peut desirer; parce que dans le nombre des objets sensibles qui sont sous nos yeux, il y en a sans doute qui sont raisonnablement à notre convenance, & que d'ailleurs il n'est pas dans l'humanité de ne rien desirer. Mais pour n'être tourmentez ni du desir, ni du soin de la conservation; ni de l'ardeur de l'augmentation ; ni de l'horreur de la privation, il faut ne donner à tous ces différents objets que leur juste valeur, ne les point souhaiter comme le souverain bien, parce qu'ils ne peuvent pas l'operer ; ne les regretter que comme des choses passageres qui ne méritoient pas de nous fixer, & revenir toujours à ce principe consolant pour tout homme sensé, que tout ce qui de sa nature n'est qu'accessoire dans la vûe de son bonheur, n'est digne que d'une ambition moderée, ou de foibles regrets, quand il nous échape ; & que des biens plus solides, si nous sçavons les mériter, nous tiendront lieu de tout.

LXXVI. Supposons un homme né pauvre, dès que l'âge & les réflexions lui permettent de sentir son état, il est raisonnable qu'il desire d'acquérir quelques talens, non pour en faire un vain étalage, ce n'est que le conseil de l'amour-propre; mais pour mériter quelqu'emploi, ou quelque place qui lui procure une subsistance honnête. Il est aussi raisonnable que cet homme cherche à tirer de la place qu'il occupe, toute l'utilité qu'elle peut légitimement procurer; mais il ne faut pas qu'elle lui serve de prétexte pour faire des exactions, ou d'autres choses injustes, parce qu'il n'y a aucune vûe, quelque sensée qu'elle puisse être, qui puisse autoriser l'abus. Sur tout, que l'on veille à ce que les desirs ne s'accroissent point, à mesure que les succès augmentent; c'est cet écüeil qui fait le malheur de l'homme, & qui le conduit à ce tourment intérieur qui naît du reproche de la conſcience. Que l'homme s'eſtime content, quand il a aſſuré l'aiſance de ſa vie, & les moyens de procurer à ſes enfans s'il en a, une éducation & des établiſſemens honnêtes ; enfin que l'on évite de vouloir égaler les plus grandes fortunes, & que l'on ne perde jamais de vûe le point d'où l'on eſt parti ; c'eſt le ſeul moyen de ſe fixer dans ſes deſirs, & d'être heureux. Il eſt vrai qu'il faut un grand fond de ſageſſe dans l'eſprit, pour ne ſe pas laiſſer gâter par le langage des gens avides, qui vous diſent ſans ceſſe qu'il ne faut point mettre de bornes à ſa fortune, & que jamais on n'en a trop. On ſe doit, dit-on, à ſes enfans ; on ne ſçait pas ce qui peut arriver ; un homme ſage doit quand il le peut ſe mettre en état de ſe paſſer de tout le monde. Ce ne ſont là que des propos dangereux & funeſtes à la tranquilité intérieure. On doit regarder ceux qui parlent ainſi comme des gens qui cherchent des complices, & qui veulent préparer des exemples à leur propre manie. Car si l'on est persuadé qu'on n'est riche, & qu'on ne peut être heureux qu'autant qu'on a dequoi satisfaire toutes ses fantaisies, & porter le luxe à son dernier période, il faut renoncer à être heureux, parce que quelque chose de nouveau s'offrira toujours à nos desirs.

LXXVII. Chaque homme en particulier peut seul être juge de l'usage sensé à faire de son bien & de sa fortune. S'en servir pour les besoins convenables de l'état que l'on remplit, en consacrer une partie à l'éducation non fastueuse, mais vigilante des enfans que la Providence nous a donnez, en sacrifier quelque chose à l'aisance de parents éloignez que la fortune n'a pas bien traitez, en faire quelque part à des indigens qui n'ont en rien contribué à leur misére : ce sont là les choses de devoir

& d'obligation, dont le témoignage, ſatisfaiſant intérieurement la conſcience, aſſure la vraye félicité. Du reſte, on peut raiſonnablement & ſans ſe préparer aucun reproche, économiſer ſur ces differents uſages, dequoi ſe réſerver quelque reſſource pour des cas malheureux ou imprévus qui peuvent arriver. Mais quand même on ne ſe ſeroit pas préparé ces moyens, il ne faudroit pas pour cela s'eſtimer malheureux, parce que l'on éprouveroit quelques traverſes ; une protection peut manquer ; on peut rencontrer en ſon chemin des inimitiés non méritées ; on peut même être en butte à la calomnie ; il n'eſt pas dans l'humanité de ne pas ſentir le poids de certaines diſgraces ; mais quiconque aura mené une vie exempte de reproche, & aura mûrement réflechi ſur la viciſſitude, comme ſur le néant des choſes de ce monde, ſera ſupérieur à tous les évenemens. Le repos de ſon cœur fera ſon bonheur, & le courage de ſon eſprit toujours ſoutenu par le témoignage de ſa conſcience le mettra plus qu'un autre en état de ſe relever, & de trouver des reſſources, ou pour réparer ce que lui aura ôté le caprice de la fortune & du hazard, ou pour mettre les objets qui l'environnent à un prix ſi bas, que leur privation même non-réparée ne puiſſe jamais être pour lui un ſujet de tourment.

LXXVIII. Quelque méchants & quelque pervers que les hommes puiſſent être, ils reſpectent toujours la vertu, dont la bonne réputation eſt le prix; s'ils la craignent pendant un tems, ſi même elle les gêne par le ſentiment de l'amour-propre, tôt ou tard ils reviennent à elle. Ils la conſultent, ils y déferent; comme ſes conſeils ſont toujours ſûrs & qu'on s'en trouve bien, on ne s'en tient preſque jamais à un premier hommage; & des exemples ſans nombre nous apprennent que les méchans ont fait du bien aux bons ; ils y trouvent même leur compte aux yeux du public, dont ils croyent s'assûrer l'opinion & le suffrage, en paroissant honorer la vertu, & la bonne réputation. Or quel genre de gloire doit être mis en balance avec celle d'assujettir pour ainsi dire l'homme à rendre à la vertu le tribut qu'il lui doit ? Et n'est-il pas singulier que ce public étant composé de tant d'unités dont il y en a en particulier si peu de bonnes & de loüables, soit cependant un tribunal avec lequel le plus méchant veut ordinairement compter par la vertu ? On peut tirer encore de là une grande preuve de l'excellence de la vertu, puisqu'étant, par le calcul de ceux en qui elle réside, la moindre partie du public, c'est par elle cependant qu'on se croit obligé de commencer, pour se rendre ce même public favorable.

LXXIX. Un homme se consacre

à la profession des armes. Indépendamment du motif de servir son Prince & sa Patrie, qu'il seroit loüable qui le conduisît seul dans sa détermination, il y a une juste ambition qui le peut animer, sans qu'elle fasse son tourment. C'est celle de se faire connoître, de surpasser s'il le peut ses pareils par les talens d'homme de guerre, de se distinguer par ses actions, d'avoir en vûe son avancement, & le bien-être attaché à l'élevation des grades; mais il ne faut pas, s'il veut être heureux, que son ambition le porte à désirer des préferences que la bienséance ne permet pas de demander, & dont le refus seroit un sujet de douleur & un tourment. De même, on peut s'occuper des moyens de ne point essuyer de passe-droits. Les soins que l'on se donne pour cela n'ont rien que de sensé & de légitime ; mais le mauvais succès ne doit même point produire ce trouble qui conduit à l'extrême ſenſibilité. Celui qui fait une injuſtice eſt néceſſairement plus à plaindre que celui qui l'éprouve ; & c'eſt faire tropde cas de l'homme, que de mettre à un trop haut prix ſes bienfaits, ou de trop s'affliger de ſes refus.

LXXX. Tous les états ne comportent pas la même étenduë de vûes ou d'ambition. Il en eſt de plus bornez les uns que les autres ; c'eſt folie que de vouloir tirer d'une choſe au-delà de ce dont elle eſt ſuſceptible. Auſſi une condition abſolument néceſſaire au bonheur de l'homme, eſt de faire entrer cette combinaiſon dans la délibération avec lui-même & dans la formation de ſes deſirs. Telles ſont les profeſſions définies comme celle de la Robe ; un revenu fixe, des émolumens caſuels dont le plus ou le moins ne dépend que du hazard, & des circonſtances, laiſſent moins à déſirer à un homme ſenſé. C'eſt alors que s'envelopant dans ſa propre vertu, il trouve ſa plus grande fortune dans les lumieres & la probité qui le doivent ſeules conduire pour l'adminiſtration de la juſtice, en même-tems que dans la bonne réputation qui eſt le fruit indiſpenſable des bonnes actions. Et l'on auroit raiſon de tenir pour ſuſpects les principes de quelqu'un qui ſe propoſeroit dans un pareil état une plus grande fortune pecuniaire, que celle que les moyens légitimes ſemblent offrir.

LXXXI. L'homme conſacré à l'Etat Eccleſiaſtique eſt encore dans un cas différent & particulier. Dans cette vocation plus les dégrez ſont élevez, & plus il y a de devoirs & d'obligations auſquelles on eſt aſſujetti ; enſorte que les mouvemens d'ambition doivent être reſtraints par un examen bien exact & bien ſévere. Et cette vérité m'a toujours paru ſi frapante, que j'ai toujours été tenté de croire que c'étoit celui de tous les états dans lequel à la rigueur on ne devoit admettre aucun genre d'ambition. Des vûes purement humaines en embrassant un ministére purement Apostolique, me semblent inadmissibles. Le service immédiat des autels, l'édification & l'instruction des fidéles sont les seuls motifs qui doivent déterminer un homme qui voudra ne se pas écarter de la pureté des principes. Qu'on ait en vûe de parvenir à acquérir une subsistance & une aisance qui mette en état de multiplier les bonnes œuvres & le soulagement des pauvres, il n'y a rien de repréhensible. Mais se voüer au service des autels pour devenir riche, ou uniquement pour obtenir des dignités, fastueuses par la maniere dont on les soutient, me paroît une chose bien différente & bien éloignée de l'esprit même du ministere que l'on embrasse. A plus forte raison se révêtir de l'habit Ecclesiastique, sans se proposer même d'en remplir les devoirs, pour enlever par

faveur

faveur ou par protection, des biens, qui devroient être le prix du travail le plus pénible dans l'Eglise, me semble une chose monstrueuse. Enfin à supposer que par son travail & son mérite on ait acquis une Prélature dans l'Eglise, je crois qu'alors l'ambition légitime est pleinement satisfaite; & que solliciter des augmentations de revenus, soit par changement, ou autrement, passe les bornes de cette ambition permise. Que le Souverain par connoissance de vos talens vous enléve à un troupeau peu nombreux, pour vous en confier un plus fort ou plus difficile à conduire; il est sans doute du devoir de se prêter aux vûes de la Providence. Le solliciter, suppose au moins une présomption incompatible avec les principes Ecclesiastiques.

LXXXII. Par une suite de la même maxime, je fais peu de cas du Religieux qui voüé à la solitude du cloître, & lié par ses vœux à un état de pauvreté, travaille, même en faisant le bien, dans la vûe de sortir de son état. N'est-ce pas en effet renoncer à ses voeux volontaires? Qu'un Religieux plein de l'esprit de son état, & en remplissant scrupuleusement les devoirs, ait en vûe de se procurer parmi ses freres une considération dont il fasse usage pour l'union entr'eux, & pour l'avantage de son Ordre : qu'il trouve sa récompense dans le succès d'une vûe aussi loüable, il n'y a en cela rien que de bien. Que sa réputation fleurissant, & s'étendant par les témoignages de ses Supérieurs aille jusqu'aux oreilles de ceux dont le devoir est de chercher la vertu, en quelqu'endroit qu'elle soit cachée, pour la mettre pour ainsi dire sur le chandelier, & qu'alors des dignités tirent du monastére celui qui les a méritées sans les avoir desirées ni ambitionnées, je reconnois là l'ordre de la Providence, & l'admirant dans ses progrès, je loüerai celui qui s'y prêtera, & qui portera cependant jusques dans le monde, autant qu'il se pourra, l'esprit de retraite & de pauvreté qui étoient le devoir de son premier état.

LXXXIII. Le ministére de la chaire ne doit point être regardé non plus comme un état d'ostentation, ni qui puisse être subordonné à des vûes purement humaines. Elles ne doivent entrer pour rien dans des fonctions qui ont pour objet d'annoncer la parole de Dieu. On peut se consacrer à ce ministére, comme à un état pénible, & qui a pour fondement le zéle pour l'instruction & la conversion des hommes. N'avoir pour objet que celui de se faire un vain nom aux yeux du public ; de se faire loüer, & de sortir de cet état par quelque dignité qu'on n'envisage que du côté du faux éclat qui l'environne : ce n'est point être animé de l'esprit Ecclesiastique, c'est songer au monde seulement. Or toute bonne action, sur-tout en ce genre, quand elle n'a pour principe que de pareils motifs, ne peut pas produire le bonheur véritable, parce qu'elle n'opere point la satisfaction intérieure. Dans un très-grand nombre d'hommes conduits par ce genre d'ambition, il n'y en a que peu qui réussissent. Ainsi il y en a beaucoup de malheureux selon leur façon de penser, c'est-à-dire, malheureux nécessairement, parce qu'il est physiquement impossible d'être heureux quand on s'écarte de l'esprit de son état, & qu'on s'abandonne à des vûes mondaines, trop lentes à réussir, ou trop faciles à échouer.

LXXXIV. Il est encore bien moins possible de se satisfaire, quand ne considerant les objets qu'en eux-mêmes, on en suit quelqu'un qui n'a pour ainsi dire, point de bornes ; on se livre alors sans mesure à ce qui semble n'en point avoir. Les desirs croissent avec les succès. Un premier pas que l'on a fait ſert de degré pour monter plus haut. Avide d'arriver au ſommet de la rouë, on ne ſonge pas qu'elle porte ſur un arc qui la laiſſe aiſément tourner, & qu'alors une chute rapide fait payer cherement la fauſſe ſatisfaction d'avoir triomphé des obſtacles, qui ſembloient s'oppoſer à notre élevation.

LXXXV. Il y a encore, tant les hommes ſont ingénieux à ſe tromper eux-mêmes, un genre de perſonnes qui croyent, & que nous croyons travailler ſolidement pour leur bonheur ; ce ſont ceux qui paroiſſant dépoüillez de tout goût pour le monde & ſes diſſipations, & exempts de toute paſſion pour les biens & les honneurs, ſe livrent tout entiers à la culture de l'eſprit & à l'étude des ſciences. Mais ſouvent ceux-là même n'ont que l'ombre de la véritable félicité. Quand cette étude n'a pour objet que de ſatisfaire l'eſprit & le cœur ; en éclairant l'un

& en formant l'autre, je conçois que l'on y peut trouver le bonheur solide ; mais tout est pour ainsi dire mêtier, & rien n'est si ordinaire que de retrouver l'amour-propre dans ce genre de vie. On étudie pour acquérir de quoi briller ; on se passionne pour les connoissances que l'on a prises ; on veut les voir estimées & souvent même respectées ; on est blessé de la contradiction ; on se sent humilié par des connoissances supérieures, ou plus étendues, devant lesquelles on est obligé d'avoüer sa défaite. On croit n'avoir eu aucune vûe d'ambition dans cette espece de vie retirée, & par l'évenement il se trouve qu'on n'a fait que se préparer à un combat continuel qu'on va chercher, parce qu'on croit le pouvoir livrer avec avantage.

LXXXVI. On doit s'accoutumer à n'en croire au premier mot qui que ce soit, qui dit qu'il est heureux. Il lui est facile de tromper les autres, puisqu'il commence par ſe tromper lui-même. Hommes, ce n'eſt pas au milieu de votre courſe que vous pouvez ni vous juger, ni être jugés avec diſcernement & avec certitude de ne ſe point méprendre. Je vous attends au moment où les réflexions ſur un avenir prochain faiſant taire les paſſions, vous ſerviront de flambeau pour vous éclairer ſur l'emploi de vos jours paſſés. Pourrez-vous alors vous rendre le témoignage d'avoir rempli ſcrupuleuſement tous les devoirs de votre état, de n'avoir rien qui puiſſe vous être reproché, d'avoir fait du bien autant que de bonne foi vous l'avez pû, de n'avoir exercé aucune injuſtice, ni nui, ni fait tort à aucun de vos pareils, d'avoir aimé la vertu par les attraits de la vertu même, de l'avoir pratiquée par principe de devoir, d'avoir tendu une main ſecourable aux malheureux, & défendu l'innocence, d'avoir mis la probité en évidence, & fait triompher la vérité, quand il a été en votre pouvoir de le faire. Non, alors votre ſentiment intérieur ne me ſera pas ſuſpect; euſſiez-vous dans le cours de votre vie eſſuyé les malheurs les plus affligeants; euſſiez vous éprouvé les diſgraces les plus frapantes; euſſiez-vous été la victime des méchans: je penſerai que vous avez été vraiment heureux, parce que vous avez toujours poſſédé la paix du cœur, parce que toujours attachez à l'Auteur de votre éxiſtence, par le ſouvenir continuel de votre origine & de votre fin, vous vous êtes ſuffi à vous-mêmes, & que vous n'avez été occupez des évenemens, que comme d'objets paſſagers, qui ne doivent graver que de légeres traces dans votre cœur & dans votre eſprit.

*Fin de la premiere Partie.*

# PENSE'ES DIVERSES SUR L'HOMME.

*SECONDE PARTIE.*

I LEs hommes naissent avec le sceau de la fraternité, puisqu'ils ont tous une origine commune, & qu'ils sont tous appellez à une même fin ; & rien n'est plus conforme à la droite raison, que la charité & cet amour du prochain comme de nous-mêmes qui sont de précepte divin. L'Auteur de la nature ne nous a point imposé une loi trop dure, ni qui doive nous répugner, quand il nous a ordonné d'aimer nos pareils. Dès que nous sommes dinez à vivre en ſocieté, il ſeroit abſurde d'imaginer que la haine ou l'inimitié pût en être le nœud. L'indifférence n'en peut pas non plus être le fondement, d'où il faut conclure la néceſſité de cet amour. Par cette injonction, l'Auteur de la nature releve encore s'il ſe peut la dignité de notre éxiſtence, en nous apprenant que nos pareils ſont dignes d'amour, & de cet amour qui devant ſe rapporter à lui, honore celui qui en eſt l'objet comme celui d'où il part; chacun doit donc s'aimer & ſe reſpecter dans ſes ſemblables. De là naiſſent tous les devoirs de ſocieté, qui diſparoîtroient, ou pour mieux dire, ne pourroient pas éxiſter ſans ce fondement.

II. Rien n'eſt ſi commun que d'entendre dans le cours ordinaire des converſations, réduire pompeuſement ces vérités en maximes, & de voir chacun s'efforcer à rencherir ſur ce qu'il entend dire; cependant rien n'eſt ſi rare que de voir pratiquer ces maximes. Heureux encore quand ceux qui ſe font de ces ſortes de diſſertations une eſpece de point d'honneur, n'ont pas même en tenant ces diſcours, le deſſein formé de tromper mieux ceux qu'ils cherchent à édifier par un langage d'autant plus perſuaſif qu'il eſt fondé ſur la raiſon & ſur le précepte divin. On prend volontiers confiance en quelqu'un qui dans ſes diſcours ne laiſſe rien échaper, qui ne ſoit conforme à la pureté des principes; mais on peut avec quelque raiſon être en garde contre ces Moraliſtes de profeſſion qui croyent qu'il ne faut que chauſſer le cothurne pour perſuader. Définir la vertu, la peindre avec les couleurs les plus belles & les plus brillantes eſt ſouvent l'effet de l'art. L'homme vertueux s'annonce rarement pour tel; content de faire le bien, & ſatisfait de la récompenſe qu'une bonne action emporte toujours avec elle, il fuit juſqu'aux apparences d'une ostentation justement suspecte. La vocation de tout le monde n'est pas d'instruire par des prédications ; mais celle de tout le monde est de ne rien faire qui venant à la connoissance des autres ne puisse leur être un bon exemple & un sujet d'édification. Hommes, songez donc moins à plaire, ou à séduire le goût de vos semblables, & occupez-vous davantage de la réalité de vos devoirs. Ne cherchez point à prévenir le jugement d'autrui ; faites en sorte qu'on puisse vous juger par des œuvres qui ne doivent leur éclat qu'à elles-mêmes, & rien à un amour-propre par lequel vous croyez faussement les relever.

III. L'Auteur de la nature, en concevant en un même instant le dessein général de la création de cet univers dans toutes ses parties, a formé le premier homme dans la vûe de la société avec les autres hommes, & pour cela il l'a prévenu des lumieres

[redacted]

de la raiſon, qu'il a encore fortifiées par le précepte. Il a voulu qu'il fût propre à vivre avec ſes pareils ; & il a même ataché des récompenſes à l'obſervation rapportée à lui des devoirs de ſocieté. En donnant à l'homme une Compagne, & leur deſtinant des fruits de leur union, il a eſſayé l'homme par les liens les plus étroits que l'amour ou la charité puiſſent avoir. Et c'eſt cet amour qui de génération en génération a dû ſe perpetuer & ſe multiplier en un nombre innombrable de différentes branches, qui quelque diſtantes qu'elles ſemblent être l'une de l'autre ſe rapportent toutes à une tige. C'eſt ainſi que la terre en amour étend ſa ſéve juſqu'aux extrêmités des branches les plus petites & les plus éloignées du tronc de l'arbre, & que nous voyons, s'il eſt permis de le dire, la nature égale dans toutes ſes opérations, ſoutenir une diſtribution exacte & générale de ce qui ſert à la nourriture de toutes choſes.

IV. Pourquoi l'Etre ſuprême nous a-t-il annoncé cet amour qu'il répand lui-même ſur toutes ſes créatures, ſi ce n'eſt pour nous ſervir de leçon, & nous apprendre notre devoir principal des uns envers les autres. Nous peut-il être permis après cela, je ne dis pas de nous livrer aux inimitiés, mais de ne pas aimer ceux qui ſont comme nous l'objet de l'amour du Créateur ? Nos obligations ne ſont-elles pas bien clairement tracées, quand nous ſçavons que nous n'arracherons pas un cheveu à quelqu'un, que nous n'en devions compte à cet Etre ſuprême ? Or eſt-ce remplir les devoirs de la ſocieté, que de s'aſſembler en corps de Provinces, ou de Villes, & de ne ſe pas tuer, ou détruire ? Non, ce n'en eſt que l'apparence. On s'aſſemble ainſi, ſans être conduits par aucun principe, & uniquement par une convenance reciproque & momentanée ; & le dernier ſentiment que l'on porte ordinairement dans cette formation extérieure de la societé, est celui d'amour & de charité. Le dévelopement du cœur humain, & le tableau de sa dépravation en feront aisément connoitre les causes; heureux si surpris de sa propre laideur, chacun vouloit travailler à substituer à ces traits hideux, ces beaux traits qui rendroient nos jours si doux, & nous donneroient la paix du cœur!

V. Mais les hommes n'ont pas attendu long-tems pour manquer à ce grand principe. La premiere génération en produisit un funeste exemple. Pour contenir l'homme par l'effroi, il lui falloit des exemples sensibles de la sévérité de l'Etre suprême. Il permit que la terre rougît du sang innocent, pour en faire connoître tout le prix par le châtiment éclatant de la main qui s'en étoit teinte. Il commença par retrancher le meurtrier de la societé naissante du monde, en le condamnant à errer en vagabond ; & la malediction qu'il répandit ſur ce meurtrier annonça la colere de celui, à qui ſeul il appartient de punir & de récompenſer. La jalouſie fut le premier ennemi qu'eut à combattre l'amour fraternel, dont celui de nos pareils devroit être une image parfaite. Et c'eſt elle encore qui agiſſant le plus fortement ſur nous, eſt la ſource la plus ordinaire de nos diviſions, ſoit qu'elles éclatent par des actes extérieurs, ou que ſes mouvemens reſtent renfermez dans le fond de nos cœurs. Car la jalouſie eſt une eſpece de maladie qui s'étend ſur tout ce qui éxiſte, comme richeſſes, honneurs, dignités, occaſions heureuſes ; & ſouvent elle eſt d'autant plus incurable, qu'elle ne conſiſte qu'en une vaine & fauſſe opinion, que rien ne détruit, parce que le mal eſt en nous, & que s'augmentant par lui-même, il prend chaque jour & preſque à chaque moment une force nouvelle. En effet

il

il y a des gens dont on voit malgré eux le front empreint de tous les caractéres extérieurs de la basse jalousie. Si vous leur en demandez la raison, beaucoup ne seront pas en état de vous la rendre. Et rien n'est si commun que de voir des gens murmurer sans interêt, d'un bien arrivé à quelqu'un de leurs pareils, dont eux-mêmes n'auroient pas été susceptibles.

VI. Chaque homme en particulier, dès qu'il est en âge de réflechir & en état d'agir par lui-même, semble ne travailler qu'à oublier ce que les autres hommes ont de commun avec lui, & ne s'occuper que de ce qui peut l'éloigner de ses semblables. On veut acquérir des biens, des honneurs ou des dignités, au préjudice des autres ; on ne considere que soi, & l'on ne compte ses pareils pour rien dans toutes les vûes que l'on forme. Car on peut appeller ne les compter pour rien, quand on traite ou qu'on agit avec eux comme s'ils n'avoient été faits, & comme s'ils n'éxiſtoient que pour nous & pour notre utilité. Les hommes à la vérité ſont faits les uns pour les autres; mais de là il faut conclure que la loi doit être égale, & que nous nous devons aux autres, autant que les autres ſe doivent à nous. Ce ſeroit, en ſuivant ce principe d'égalité, que nous remplirions les devoirs de la ſocieté, qui n'eſt proprement qu'un commerce reciproque d'amour, de ſentimens & de ſervice. Mais ne regarder les autres que comme des inſtrumens faits pour nous, & ne s'eſtimer fait que pour ſoi, c'eſt ſupprimer un des deux côtés de la balance, c'eſt ſe tirer du centre même de la ſocieté, & vouloir cependant que les autres y reſtent pour nous. Rien n'eſt plus injuſte, & cependant rien n'eſt ſi ordinaire que cette façon de penſer, ou du moins que les actions propres à faire ſuppoſer qu'elle éxiſte dans nos cœurs, & qu'elle eſt le mobile qui nous fait agir. Car doit-on avoir foi aux propos les plus ſéduiſants ou les plus édifiants, quand ils ſont démentis par les faits. Qu'un homme ne parle jamais, mais que toujours il faſſe bien, je dirai qu'il auroit ſûrement bien parlé, s'il avoit voulu parler.

VII. Dans le ridicule principe de ne compter les autres hommes pour rien, on ne conſidere aucune diſtance & aucune diſproportion entre les différentes conditions ; car ſi les grands & les plus puiſſants ſe ſervent des petits, comme d'inſtrumens propres pour leurs vûes, & que ſouvent ils abandonnent quand ils n'en ont plus beſoin : c'eſt ordinairement le même motif d'interêt perſonnel qui conduit les petits dans les hommages qu'ils rendent aux grands. On leur fait la cour dans l'eſpérance de quelque ſervice ; on ſe place auprès d'eux, parce que l'on en attend de la considération ou de l'utilité ; il peut arriver que l'attachement véritable & le goût s'y joignent dans la suite ; mais c'est presque toujours le prix des espérances remplies, ou des bons traitemens que l'on reçoit, & dont on est flatté. Il n'y a donc dans cet empressement des clients qui environnent les grands, rien qui doive, sensément parlant, enfler leur amour-propre, ni leur donner une si haute idée d'eux mêmes. Le hazard, ou une naissance qui par elle-même n'emporte aucun merite les a faits grands, & c'est presque toujours leur fortune à laquelle on va rendre hommage, & devant laquelle on fléchit les genoux, dans la vûe de soi-même.

VIII. Les gens d'un moindre étage doivent-ils être plus flattez des prévenances qu'ils reçoivent & des attentions qu'ils éprouvent quelquefois de la part des gens élevez en dignité ? Non assûrément, car on ne les rechercheroit pas, si l'on ne croyoit en avoir besoin. Ce n'est pas ordinairement par considération personnelle ni par amitié pour eux ; c'est souvent pour avoir la réputation d'accueïllir & de bien traiter des gens de mérite & de talens ; mais ce motif, au lieu de refléchir sur ceux que l'on attire auprès de soi, & que l'on prévient n'est rélatif qu'à soi-même. Il y a sans doute quelqu'exception à cette pratique ; & il est impossible qu'il n'y ait pas des hommes vraiment amateurs du merite,&qui soient conduits par autre chose que par des vûës personnelles, dans les distinctions qu'ils lui accordent. Mais ce nombre est petit, & ceux qui pensent avec cette pureté meritent assûrément qu'on leur voïe un attachement & une tendresse à toute épreuve. Car rien ne doit paroître si digne d'amour, que ceux qui élevés au-dessus des autres hommes par la fortune & par les dignités, sont exempts des défauts du cœur & de l'esprit, que presqu'aucun état, ni aucune condition n'ignorent, & qui sont bien plus attachez à la grande élevation, parce que tout, jusqu'aux hommages, concourt à corrompre le cœur & à emporter l'esprit.

IX. La même façon de penser & d'agir n'a pas moins lieu, même entre égaux ; il n'y a pas un seul homme qui n'ait quelquefois, ou plutôt qui n'ait toujours besoin de quelqu'autre homme. C'est sur ce besoin qu'on regle ordinairement ses démarches, & souvent ses attachemens ; & la preuve en est que le changement d'état en produit un dans le genre & l'espece d'amis qui se lient avec nous, ou avec lesquels nous nous lions ; & que souvent, lorsque la fortune contraire nous précipite dans l'adversité, nous nous voyons abandonnez par ceux mêmes dont l'attachement nous avoit paru être de la meilleure foi, & le moins suspect. Je ne dois point examiner ici de quels noms peut être digne un pareil abandon ; mais il ne ſemble pas douteux qu'on ne peut attribuer qu'à cette conſidération de ſoi-même, excluſivement à toute autre, des liaiſons qui varient ſelon la nature du beſoin, ou qui ceſſent tout-à-fait, quand le beſoin ou l'objet d'utilité ceſſent. Il arrive cependant quelquefois que le goût lie deux perſonnes enſemble ; alors la preuve du motif, aſſez difficile à démêler par lui-même, ſe tire de la durée même de la liaiſon, parce que les choſes paſſageres ne ſont pas de nature à pouvoir influer ſur ce qui eſt uniquement du ſentiment. On voit ſouvent auſſi que la reconnoiſſance forme des liaiſons ſolides & durables. Le motif en eſt certainement loüable & même reſpectable ; mais il eſt encore une nouvelle preuve que ſi l'amitié n'eſt pas toujours fondée ſur l'interêt, au moins l'interêt agit aſſez puiſſamment ſur nous, pour nous être l'occaſion d'une bonne action.

X. Il eſt vrai que ſi le ſeul esprits d'interêt décidoit néceſſairement des mouvemens de notre cœur, il n'arriveroit jamais qu'en étouffant cette voix, nous la ſacrifiaſſions aux principes, qui nous conſeillent & nous preſcrivent, non-ſeulement de ne jamais oublier les ſervices, mais même de les reconnoître par des ſervices reciproques. Auſſi ne porté-je pas la mauvaiſe opinion contre mon prochain, juſqu'à le croire incapable de tout ſentiment pur. Il y a certainement des hommes ſuſceptibles de déſintéreſſement, capables de s'oublier eux-mêmes pour ſervir leurs pareils, & qui ſans vûe particuliere, ſçavent rendre tout ce qu'éxigent la commiſération, la généroſité, enfin l'amitié en général, mais en même-tems que je fais en faveur de l'humanité cet aveu que je crois bien fondé, il faut qu'on ſoit aſſez équitable, pour convenir que ces hommes purs, vraiment dignes de leur origine, ne forment pas le plus grand nombre, & qu'au contraire la classe de ceux qui pensent, ou agissent différemment, est nombreuse. Quiconque le nieroit, pourroit avec vraisemblance être soupçonné d'un aveuglement dangereux, ou être taxé lui-même de peu de pureté dans les principes; car tout homme éclairé, & délicat en matiere de sentiment, ne peut pas se refuser à une proposition aussi démontrée, que celle qu'il y a beaucoup plus d'hommes mauvais qu'il n'y en a de bons.

XI. Une autre preuve encore, car il est certaines verités qui en renferment plusieurs, que l'homme ne considére presque jamais que lui-même; c'est que dans la plûpart de ses bonnes actions il n'a pour objet que de se faire une bonne réputation. Ce projet, au premier coup d'œil, ne présente rien que de beau & de flatteur pour son auteur; nous-mêmes communément, quelque difficiles que nous puiſſions être, nous accordons une eſtime décidée à ceux qui nous ſemblant ambitieux d'une bonne réputation, ne font que des choſes propres à la bien établir ou à l'augmenter. Il faut convenir, à en juger par les effets apparents, que nous ſerions heureux, s'il n'y avoit dans la ſocieté que des hommes capables de ce ſentiment; beaucoup de vices diſparoîtroient, beaucoup de vertus ſe montreroient à leur place, & nous aurions au moins une image bien rapprochée de l'âge d'or. Mais ce qui nous paroît ſi décevant, mieux éxaminé, ne ſera jugé que la ſuite d'une réflexion ſur ſoi-même: non qu'il ne ſoit permis d'être flatté de la réputaticn que produit une bonne action connuë; mais quand le deſir de cette bonne réputation eſt le ſeul motif qui fait agir, il ne ſuffit pas pour faire juger qu'on faſſe le bien par le ſeul amour du bien. Si cela étoit, il ſe feroit au moins autant de bonnes actions ſecretement, que publiquement. Or le contraire arrive ; & quoiqu'il ſemble qu'on ne puiſſe pas raiſonner ſur deux points, dont l'un eſt connu & l'autre inconnu : ce que l'on vient de dire trouve ſa démonſtration, en ce que parmi ceux dont on parvient à découvrir les actions quand ils ne ſont plus, on trouve le catalogue des bonnes, beaucoup plus court que celui des actions ou repréhenſibles, ou du moins fort équivoques. C'eſt l'époque & le moment auquel on ne peut preſque pas ſe méprendre dans le jugement que l'on doit porter des hommes, parce qu'alors ce ſont leurs œuvres qui, dépoüillées du ſecours de tout avocat, les jugent ou les font juger tels qu'ils ont été. Quiconque emporte avec lui la voix du peuple, l'avoit ſûrement méritée pendant ſa vie. Perſonne alors, quoiqu'à tort, ne ſe fait un ſcrupule de revéler des myſteres, que la crainte, l'interêt, ou l'adulation avoient renfermez dans le ſecret; & un tems fort court deshonore la mémoire d'un homme, dont auparavant la Déeſſe à cent voix prenoit ſoin de célébrer les apparentes vertus.

XII. Quelque trivial que puiſſe paroître ce Proverbe, que *charité bien ordonnée commence par ſoi-même*, cependant l'examen de ce Proverbe peut trouver place ici. Je conçois qu'à la rigueur, lorſqu'on eſt néceſſairement dans le cas d'opter entre ſoi & ſes pareils, ils n'eſt pas raiſonnable de leur donner la préference; mais ces cas ſont en vérité bien rares, & ils n'excluent jamais les moyens d'être utile à ſes ſemblables, en partageant ſa fortune avec eux, en les aidant dans le beſoin, ou en les ſervant dans l'occaſion. Ce Proverbe ne ſera vrai au plus, que lorſqu'il ſera queſtion d'une place, ou d'un avancement à notre convenance, qu'un autre viendroit nous ſolliciter de lui procurer à notre préjudice. Encore même dans ce cas faudra-t-il examiner, si celui qui nous vient solliciter, n'est pas dans un état de besoin qui lui rende nécessaire ce qu'il demande, & qui ne seroit pour nous qu'au rang des choses superfluës ; car dès que notre besoin est moindre, & que ce dont il s'agit n'est pas pour nous également nécessaire : ce ne sera plus le cas d'alléguer le Proverbe que *charité bien ordonnée commence par soi-même.* C'est cependant la raison la plus commune, par laquelle les hommes répondent aux reproches que l'on peut leur faire sur les actions, qui décelent peu d'amour pour le prochain. Et malheureusement il n'est que trop de gens faciles à adopter comme bonne une excuse, qui souvent ne doit sa naissance qu'à l'aveuglement, ou à l'avidité de ceux qui l'employent.

XIII. Lorsque les hommes se livrent à cette façon de penser, ou aux mouvemens de jalousie dont on a parlé, ils donnent à leurs pareils un exemple qu'il devient presque nécessaire de suivre, au moins à raisonner sur l'humanité, non pas telle qu'elle devroit être, mais telle qu'elle est. Dès que je suis sûr qu'un homme n'a pour objet que lui-même, dans les liaisons qu'il forme avec moi, ou qu'il ne jette qu'un œil d'envie sur tout ce que j'ai, ou sur ce que j'ambitionne, or l'un est une suite nécessaire de l'autre, je ne puis plus faire aucun fond sur ses démonstrations; & le sentiment le plus doux que je puisse lui opposer, est celui d'une sage défiance qui m'oblige à me précautionner. Dès-lors tous ces principes de fraternité qui devroient lier les hommes entr'eux, disparoissent. Et c'est ainsi que la societé en général se disjoint; que chacun se détache de son pareil; que l'un s'éloigne de l'autre, & que la froideur, qui prend la place du sentiment, nous rend reciproquement comme des étrangers qui ne tiennent l'un à l'autre par aucun lien.

XIV. Si on n'eſt pas tendre, il faut du moins être équitable. Or, comment peut-on demander que quelqu'un qui ne nous doit pas plus que nous ne lui devons, faſſe plus pour nous, que nous ne faiſons pour lui. Nous devons même en bonne juſtice lui ſçavoir gré, quand il ne nous rend pas le mal pour le mal, & qu'il ſe renferme dans les ſimples précautions. En effet, la jalouſie étend ſes mouvemens plus loin que l'on ne penſe; elle n'eſt jamais que le premier pas de la haine, qui lui ſuccéde néceſſairement. N'eſt-ce donc pas beaucoup que quelqu'un que nous haiſſons, & qui le ſçait, ne nous paye pas du même ſentiment? Quand cela ſeroit, aurions-nous à nous en plaindre? Mais il eſt certaines impreſſions qui font taire, & qui étouffent en nous la voix de l'équité; & ſur-tout en ce qui regarde les hommes d'un état inférieur au nôtre ; nous croyons qu'ils nous offensent, quand ils nous imitent dans nos injustices : comme si les grandeurs accidentelles de ce monde, changeant quelque chose à l'humaine nature, pouvoient donner en matiere de sentimens intérieurs, des droits à quelques-uns, exclusivement à d'autres. A la bonne heure que la sagesse, ou la crainte oblige le plus foible à répandre un voile sur ses pensées & sur les mouvemens de son cœur ; mais aucun titre ne nous en rend par lui-même comptables envers personne autre, qu'un Supérieur immédiat.

XV. Il est vrai que chacun a une carriere à remplir ; que nos propres interêts doivent avoir une sorte de préference auprès de nous ; que nous nous devons ensuite à notre famille, sur-tout directe ; que ceux à qui nous devons de la reconnoissance, doivent avoir immédiatement après, place

place de notre cœur. Que nos amis y ont ensuite leur rang ; & que ceux qui n'ont avec nous d'autres liens, que les liens de la simple société, ne peuvent pas se plaindre de cette progression de préferences. Mais comme tous ces différents dégrés comportent différentes obligations : il est dans l'ordre des choses possibles, de les concilier ensemble, & de donner à chacun ce qui lui appartient ; c'est ce qui demande ce fond d'équité dont peu d'hommes sont capables. Quand cette incapacité naît du défaut de discernement, elle n'est que malheureuse ; & ceux qui pêchent par-là, en même-tems que par le fait ils sont repréhensibles, sont pourtant excusables par le principe. Mais quand elle naît du manque de sentiment, ou de la corruption du cœur ; c'est alors que tout se réunit pour la condamnation des causes comme des effets : & voilà ce qui constituë ces especes de monstres qu'on regarde avec raison comme le fléau de l'humanité.

XVI. Quoique ces differentes gradations que l'on vient de parcourir emportent différentes especes de devoirs, ces devoirs ont cependant deux genres de connexions les uns avec les autres ; l'une, en ce que celui qui est capable de manquer à quelques-unes des obligations du premier ordre, est, ou peut être censé incapable de remplir aucune de celles qui les suivent. L'autre que comme nous sommes sans cesse environnez en même-tems de tous ces différens états, à chacun desquels nous devons plus ou moins : il n'y a pas un jour, pas un moment de notre vie, que nous n'ayons à faire quelque chose, pour nous montrer de dignes membres de la societé, selon les principes de son institution. En effet, quiconque s'aime assez pour négliger tous les autres genres de devoirs, ne remplit pas l'objet de sa vocation ſur la terre. Qui ſera mauvais fils, communément ſera mauvais pere. Quiconque aura manqué à la reconnoiſſance, manquera aiſément à ceux avec qui il n'eſt lié que par un goût, qui ſouvent n'eſt que de caprice, & peu durable. Qui manquera à ſon ami, n'annonce rien de favorable à ceux qui n'ont à reclamer que les droits communs de l'humanité. L'expérience, à la verité, nous apprend que cette regle n'eſt pas abſolument ſans exception, & que quelquefois des hommes capables de manquer à un devoir eſſentiel ne manquent pas toujours pour cela à un moindre devoir; mais le préjugé eſt certainement contre-eux; & s'il eſt des exceptions au principe que l'on vient d'établir, elles ſont en petit nombre.

XVII. L'homme s'accoutume aiſément à être inſenſible; & quand il commence par ceux des objets que la voix de la nature, ou la raiſon rendent plus intereſſants, il porte ſans ſcrupule cette même inſenſibilité ſur tous les autres objets. La raiſon en eſt toute naturelle ; c'eſt que les hommes, quand il eſt queſtion de ſe juger, ou de ſe déterminer ſur quelque choſe de nouveau, ne conſultent pas toujours les principes, & que ne ſe comparant jamais, pour ainſi dire qu'avec eux-mêmes, ils concluent, de ce qu'ils ont fait le plus, qu'ils peuvent faire le moins. Tel eſt le danger d'un premier manquement à quelque genre de devoir que ce ſoit ; une tranſgreſſion conduit à une autre ; & l'on vient ſucceſſivement au point que rien ne coute, ou que ſi l'on ſent encore quelques remords, on les étouffe aiſément ; au moins pour un tems. Car, à ſuppoſer même que l'on ſorte de la comparaiſon de ſoi avec ſoi-même : quel exemple conſulte-t-on ? Ce n'eſt pas celui des hommes ſcrupuleux en matiere de ſentimens, mais des perſonnes qui en s'en écartant ont réüssi selon le monde. Leurs succès ont malheureusement quelque chose d'assez brillant, pour nous séduire, & pour nous entraîner dans un précipice, où ceux qui y sont déja plongez, ne demandent qu'à avoir des compagnons.

XVIII. Il y a une espece de gens qui semblent, mais faussement, se conduire dans l'esprit de la societé; ce sont ceux qui se font une étude particuliere de plaire à tout le monde. Ils sont doux dans le commerce de la vie, respectueux avec leurs Supérieurs, complaisants avec leurs égaux, attentifs à tout ce qui peut être agréable. Mais si nous voulons examiner de près ces mêmes gens, qui font réellement le plaisir de la societé; nous trouverons que leur personnel est encore le principal motif de leur conduite, & que cette méthode ne décide rien sur le chapitre du sentiment, & des devoirs essentiels. On la suit pour se procurer des agrémens, pour faire bien parler de ſoi, pour être mieux accueilli, pour capter la bienveillance des uns, & ſaiſir le goût des autres, pour ſe faire des amis, qui prévenus déja favorablement, ſoient plus diſpoſez à nous ſervir dans l'occaſion: enſorte, que c'eſt travailler dans la ſeule vûë de ſoi. Ce ſont même aſſez ſouvent ces ſortes de gens ſur leſquels on peut le moins compter pour les parties eſſentielles de la ſocieté. Ceux qui donnent tant aux dehors & à l'extérieur, cherchent aſſez volontiers dans cette affectation une diſpenſe de faire plus pour leurs pareils que des grimaces, qui ne partent ordinairement que d'un cœur corrompu. Ce ſont ceux qu'on nomme flatteurs, qui careſſent tout le monde, qui loüent les perſonnes qu'ils croyent ſenſibles à la loüange, & ſur les choſes qui en ſont les moins ſuſceptibles. Ceux-là plus que les autres peuvent être ſoupçonnez d'agir par des vûës particulieres & personnelles, parce que réellement peu de choſes & peu de perſonnes ſont loüables, & que quelqu'un qui loüe beaucoup, ne doit pas être cenſé ne manquer que par le diſcernement.

XIX. Ceux qui font le perſonnage opposé ; c'eſt-à-dire, qui blâment, & déſaprouvent tout, agiſſent doublement contre l'eſprit de la ſocieté. Car non ſeulement ils en ſuppriment juſqu'aux moindres agrémens extérieurs, & ils empoiſonnent la ſocieté ; mais on doit leur ſuppoſer, ou un fond de méchanceté, ou un eſprit de jalouſie, qui répandant ſon venin ſur toutes les opérations de leur eſprit, doivent exciter les autres membres de la ſocieté à être en garde contre-eux, à s'en éloigner, & à leur dérober la connoiſſance même des choſes les plus ſimples. Cette retenuë eſt dictée par la ſageſſe qu'on doit obſerver avec tous ceux qui ſont diſpoſez par quelque principe que ce ſoit, à abuſer de tout ce qui s'offre à leurs yeux. On conçoit difficilement, comment il y a des gens aſſez peu ſenſés pour donner dans un ſemblable travers ; puiſque vivant au milieu de leurs ſemblables comme s'ils étoient dans la plus affreuſe ſolitude, ils ne doivent, en quelque cas que ce ſoit, compter ſur aucune reſſource de la part de leurs pareils ; ni ſur-tout s'attendre à aucune conſolation dans les momens affligeants, où l'humanité plus foible, pour ainſi dire, que les revers qu'elle eſſuye, ne peut pas ſe ſuffire à elle-même, & où par conſéquent un homme a néceſſairement beſoin d'un autre homme.

XX. Il n'y a effectivement que les occaſions d'adverſité, où l'homme ſente eſſentiellement ce beſoin ; car dans celles qui n'ont que des objets de ſatisfaction, on peut ſe ſuffire à ſoi-même, parce qu'on ſe nourrit de ſa propre joie. Ce n'eſt pas dans ce dernier cas le beſoin, mais l'amour-propre qui nous fait deſirer de recevoir des marques d'attention. Il eſt flatté en nous, quand nous voyons partager les mouvemens de notre ſatisfaction. C'eſt le prix que reçoivent ordinairement ceux qui, comme on vient de le dire, ſe ſont fait une étude particuliere de plaire aux autres, & de ſe rendre agréables dans le commerce ordinaire. Car la ſocieté porte ſur deux objets, pour ainſi dire, de commerce, l'un de ſentimens réels gravez dans le cœur; l'autre de ſimples démonſtrations extérieures; & celles-ci même, quoiqu'on n'y doive pas compter ſolidement, font cependant un accroiſſement de ſatiſfaction perſonnelle, parce qu'on eſt flatté que les autres croyent avoir raiſon, & ſentir la convenance de nous fêter, de ſe montrer nos amis, & de capter notre amitié dans les occaſions auſquelles l'uſage a conſacré des complimens & des démonſtrations.

XXI. On courroit cependant risque de se tromper de deux façons toutes opposées, si l'on ne jugeoit du cœur des hommes, que par cette espece d'extérieur de cérémonial. Car, de même que quelquefois ce n'est qu'une comédie que l'on joüe en faveur des convenances : il faut avoüer aussi qu'il y a des hommes peu démonstratifs, & qui même en partageant de bonne foi nos peines & nos plaisirs, ne laissent pas appercevoir la moitié de la sensibilité dont ils sont penetrez. Souvent même on trouve une sorte de délicatesse à ne point montrer un certain empressement affecté, qu'on regarde comme inutile, quand s'éxaminant soi-même, on croit pouvoir se rendre une justice qu'on se soucie peu de forcer les autres à nous rendre. Cette méthode naît d'un bon fond, & du témoignage qu'on se rend à soi-même ; mais comme on n'a pas toujours affaire à des gens équitables,

& que même le commun des hommes a aſſez de penchant à juger mal de ſes pareils ; il y a un juſte milieu à tenir dans cette façon de ſe conduire avec une apparente froideur. Ce ſeroit trop éxiger des hommes, que de vouloir qu'ils nous devinaſſent ; les démonſtrations extérieures ſont l'organe du cœur, comme la parole l'eſt de l'eſprit. Or quelqu'un pourra penſer excellemment & avec ſupériorité ; mais s'il ne produit au-dehors aucune de ſes penſées : que dois-je juger de lui ? Et ne me rieroit-on pas au nez, ſi je voulois établir l'opinion qu'un homme ainſi taciturne ſeroit un homme de beaucoup d'eſprit. Je conçois que le hazard peut donner à un homme peu démonſtratif une occaſion de montrer ſon cœur à découvert, & de faire connoître par des ſignes certains que les caractéres du ſentiment ſolide réſident en lui. Alors, à la vérité, il ſera bien dédommagé de l'opinion qu'aura pû établir ſa froideur apparente, mais il peut auſſi arriver que cette occaſion ne ſe preſentant pas dans le cours de pluſieurs années, laiſſe trop long-tems ſubſiſter l'erreur, & que ſans le mériter, on en ſente le contre-coup. D'où il faut conclure que quand le cœur eſt ſuſceptible de ſentimens, & de principe, il ne peut y avoir qu'à perdre à laiſſer le voile ſur ce qu'il peut produire de bon; & que comme il eſt blamable de s'abandonner à une ſotte & futile oſtentation, il n'eſt pas loüable d'affecter d'enterrer, pour ainſi dire, les bonnes actions dont on eſt capable. C'eſt agir réellement contre l'eſprit de la ſocieté, dans laquelle nous ſommes obligez de porter comme en tribut ce qu'il y a de bon en nous; puiſqu'il eſt vrai que nous devant tout entiers à la patrie, à nos amis, & à tout ce qui nous environne: la moindre choſe que nous devions faire dans cette vûë, eſt de ne pas ſupprimer ce qui peut être d'un bon exemple, & ſervir aux autres de modele bon à imiter.

XXII. La jalouſie, priſe en elle-même, n'eſt pas le ſeul mouvement qui nous conduiſe à oublier nos pareils, & à les compter pour rien, ainſi qu'on l'a dit. L'amour de la proprieté porté trop loin, agiſſant également en nous, produit ſouvent les mêmes effets. Nos deſirs n'ayant point de bornes envelopent tous les objets. Nous eſtimons tout fait pour nous, parce que nous nous eſtimons propres à tout; & comme il eſt vrai qu'il y a beaucoup moins d'objets d'ambition, qu'il n'y a de perſonnes ſuſceptibles de deſirer une même choſe; il ſuit néceſſairement de cette diſproportion, que l'amour de la proprieté, quand nous ne lui donnons pas des bornes très-étroites, nous conduit aiſément à ces principes, dont on a parlé, qui nous éloignent de nos pareils. Il eſt certain que ſi chacun en particulier n'ambitionnoit que le néceſſaire, & que ſi les hommes pouvoient aſſez ſe dépoüiller d'eux-mêmes, pour connoître quels ſont ceux qui conviennent mieux à certains objets, & quels ſont les objets qui ſont le plus à la portée & à la convenance de certaines perſonnes : on ſeroit bien plus capable de remplir ce qu'on doit à l'humanité ; en tant qu'elle eſt composée d'unités exactement ſemblables à nous. Mais l'amour-propre me ſemble un obſtacle conſidérable à cette façon de juger ſainement ſur les objets de proprieté rélativement aux hommes ; car les défauts auſquels nous ſommes ſujets, forment une eſpece de cercle & d'enchaînement entre-eux, qui fait que nous n'en n'avons jamais pour un, & qu'un ſeul en entraîne néceſſairement pluſieurs autres. Voilà ce qui rend ſi indéfiniſſable & ſi difficile à connoître & à guerir ce genre de maladie qui agit ſur le cœur &

sur l'esprit de l'homme, comme les maladies du corps affectent toute la machine par l'union intime & la relation de toutes ses parties entre-elles. Il suffit que je croye mieux valoir qu'un autre, pour ne me point faire de scrupule de m'adjuger ce à quoi cependant il est vrai qu'un autre seroit plus, ou du moins autant, en droit de prétendre. Si je m'estime d'une condition plus relevée, je me crois plus propre à certaines dignités qui forment l'illustration. Si je me suppose plus de talents, ou plus d'expérience qu'un autre, je m'estime plus capable de certains emplois propres à ouvrir le chemin de la plus haute fortune. Toutes les passions dont l'homme peut être agité, sont autant d'obstacle à remplir certains devoirs de la societé, parce qu'elles sont autant d'aiguillons qui nous portent à l'injustice. Comme elles ne nous quittent point & qu'elles sont nos plus proches voisins : c'est avec elles ordinairement que nous comptons de préference : & conséquemment nous nous mécomptons toujours, parce qu'elles ne peuvent que nous induire en erreur.

XXIII. Une des choses qui nous éloigne encore le plus de nos pareils, c'est que lors même que nous refléchissons sur l'avenir, nous ne portons pas nos regards assez loin. uniquement touchez des objets sensibles, nous ne rapprochons de nous l'avenir par nos pensées, que pour en raisonner rélativement à nous, ainsi que nous faisons des choses présentes. Il n'est peut-être pas deux hommes sur mille, qui pensent à ce qu'ils pourroient faire dans dix ans en faveur de quelqu'un de leurs pareils. Et quiconque promene son esprit sur des objets éloignez, n'a jamais que lui-même en vûë, ou après lui, la famille la plus proche, & la plus immédiate. Plus l'avenir sur lequel

quel nous refléchissons est éloigné; plus ce qu'on vient de dire se trouve vrai. La raison en est, que quelque vaste que soit le cercle que nous décrivons autour de nous, nous en sommes toujours le diametre. Il faudroit, pour penser autrement, prendre pour décrire son cercle, des points qui fussent extérieurs à nous-mêmes, & qui ne pussent pas refléchir sur nous seuls; c'est-à-dire, porter nos regards jusqu'à ce terme, où nous ne pouvons appercevoir qu'une patrie commune, dans laquelle toutes les conditions deviennent égales; où le pauvre devient riche; où le riche devient pauvre; où le grand est petit; où l'homme d'esprit est humilié; où le Savant reconnoît l'abus des sciences vaines qui l'ont occupé.

XXIV. Si on se rappelloit bien sérieusement que là nous ne serons point loüez pour ce que nous aurons fait uniquement par rapport à nous, que nous ne tirerons aucun mérite de ce que nous aurons operé dans la vûë du monde ſeul, & que nous n'y pourrons être juſtifiez, que par ce que nous aurons fait en contemplation de cette fin commune, qui eſt dans le ſein de l'Etre ſuprême : on ſentiroit quels ſont les objets auſquels on doit s'attacher ; quels ſont les devoirs que l'on a à remplir. En effet, quel merite peut-on avoir à être touché des objets ſenſibles & qui frapent les organes. L'Auteur de la nature, appréciateur juſte & infaillible du bien comme du mal, auroit-il attaché des récompenſes ineſtimables à ce qui n'auroit éxigé de l'homme aucun effort ſur lui-même, ni aucun ſacrifice de ſes paſſions, de ſes affections, ou de ſes foibleſſes ? Penſons mieux de l'équité de l'Etre ſuprême, au moins en ce qui peut être à la portée de nos lumieres. Mais l'homme oublie ſon origine, pour ſe dégrader ; & il méconnoît ſa fin, ou pour ſecoüier le joug des devoirs, ou pour s'étourdir ſur les reproches intérieurs.

XXV. La premiere choſe que nous apprenons dans le monde n'eſt pas à devenir utiles à nos parens ; mais à le devenir à nous-mêmes, dans les vûës du monde ; & ſi l'on nous dit qu'il faut être bons à quelque choſe, nous ne l'entendons que par refléxion ſur nous. On veut que nous ſoyons honnêtes-gens, pour avoir bonne réputation ; que nous ſoyons ſavans, pour briller parmi les Savans ; que nous acquerions des talens, pour remplir des places ou des emplois ; que nous ſoyons intelligens, & rangez, pour améliorer, ou ſoutenir notre fortune. Mais nous indique-t-on ſuffiſamment les qualités qu'il convient que nous ayons dans cet eſprit de ſocieté, refléchiſſant non pas ſur nous, mais ſur les devoirs communs à tous les hommes. Convenons même que, quand nous ſommes mûs par quelqu'un de ces ſentimens, qui au premier coup d'œil ſemblent être conformes à l'eſprit de societé : c'eſt preſque toujours en nous formant par rapport & rélativement à nous-mêmes, des images qui nous excitent ou à la joie ou à la douleur. Si nous voyons quelqu'un dans le malheur ; ſi quelqu'un nous paroît dans une grande douleur : eſt-ce en nous mettant à ſa place, que nous ſommes touchez ? Adoptons-nous ſa ſituation pour la mieux ſentir ? Nous la retraçons-nous rélativement à celui que nous plaignons ? Non ; mais nous nous peignons à nous-mêmes, pour meſurer le ſentiment que nous accordons à d'autres. Il peut être que quant à nos pareils cela produiſe le même effet, que ce ſentiment plus parfait & plus pur que l'on vient de peindre ; mais à examiner les choſes dans leur principe, il réſultera toujours que c'eſt par nous que nous commençons pour faire agir notre cœur en faveur des autres. De là vient que certaines tribulations attachées à des états qui nous ſont inconnus, ne ſont pas les mêmes impreſſions ſur nous, & que nous ſentons bien mieux & plus vivement celles que nous avons éprouvées nous-mêmes, ou que nous pouvons être dans le cas d'éprouver. Un homme qui n'a point d'enfans ne ſent pas toute l'étenduë de la perte d'un fils. Un garçon ou une fille ne ſçavent qu'imparfaitement ce que c'eſt que la diſſolution par mort des liens d'un mariage heureuſement aſſorti. Un homme qui a toujours vêcu dans l'opulence, ou dans l'abondance, ne ſe fait qu'un foible tableau de l'indigence & de ſes effets, & de la ſituation de ceux qui ſont expoſez aux horreurs de la miſere.

XXVI. Rien n'eſt donc plus vrai que la maxime, que la bonne fortune ſuivie & non interrompuë endurcit le cœur, & le rend insensible. Faut-il s'étonner si les hommes qui n'ont jamais été dans le malheur, & qui ont toujours ignoré le poids des adversités, sont moins propres que d'autres à la société ; s'ils ont des vertus moins sûres, que ceux qui ont passé par toutes les épreuves du caprice de la fortune ; & s'ils ont aussi moins de ressources dans le courage. Nos cœurs, ainsi que nos esprits, sont comme la terre, laqu'elle ne vaut qu'autant qu'elle est cultivée. Quelque fertile qu'elle puisse être, ses sels restent sans action, quand le mouvement n'aide pas à les déveloper, & quand on ne leur donne point à travailler. Nous nous rappellons aisément, à l'occasion de nos pareils, les images qui nous ont interessez personnellement. Les idées alors se retracent vivement dans notre cerveau : mais quoique l'effet en soit loüable ; nos pareils ne doivent principalement ces mouvemens, & ce qu'ils peuvent produire en leur faveur qu'à la parité des objets. Un homme qui aura essuyé un naufrage, donnera facilement des larmes au récit d'une tempête que tout autre écoutera avec une très-legere émotion. Un homme elevé dans la tribulation tendra volontiers une main secourable à un infortuné, qu'un homme toujours heureux laissera sans scrupule dans un état de peine qu'il ne sent que médiocrement ? Et ainsi, de chacune des situations qui peuvent être communes à plusieurs. Aussi voulez-vous, dans une occasion importante, un conseil sûr ? Demandez-le à celui qui a été souvent dans la nécessité d'en prendre de lui-même, & qui l'a fait avec succès. Voulez-vous un ami ; donnez la préference à celui à qui des circonstances délicates ont montré le prix d'un ami solide, & qui a éprouvé lui-même quelle consolation procure une amitié pure & desintéressée. Je crains un homme qui a eu le malheur d'être toujours heureux ; il ne lui faut que des amis fortunés qui n'ayent besoin que des agrémens de la société ; mais communément il ne vaudra rien dans les cas où l'ami n'est utile & consolant, qu'à force de sensibilité & de sentiment. Tout, du plus au moins, est mêtier ; pourquoi n'y auroit-il que ce qui est du ressort du cœur, qui n'eût pas besoin de l'habitude, pour être plus actif & plus facilement applicable aux occasions, dans lesquelles le cœur doit intervenir pour quelque chose. Car, ainsi qu'on le peut conclurre de la premiere partie de ces pensées, la sensibilité, ou la dureténe sont point des qualités qu'on apporte en naissant, & qui ne doivent rien à l'éducation, ou à la nature des circonstances actives ou passives, dans lesquelles on se trouve, avant que d'avoir le cœur formé.

XXVII. On dit actives ou passives, parce que s'il est vrai que le cœur se forme presque à coup sûr dans le sein des tribulations, il y a encore un autre hazard de situation qui fait effet sur lui; c'est quand, sans avoir éprouvé des malheurs personnels, on s'est trouvé souvent, ou long-tems avec des gens malheureux ou affligez. L'habitude de voir des images attristantes, ou d'entendre des récits touchants, que la douleur est toujours ingénieuse à varier, & à rendre énergiques, met les hommes au point de sentir, non pas peut-être aussi vivement que ceux qui ont éprouvé eux-mêmes des disgraces, mais au moins assez pour rendre le cœur compatissant, & pour le faire agir conséquemment à cette impression. On s'accoutume à plaindre les infortunés; & quand ce sentiment s'est une fois produit dans le cœur, il faudroit être bien contradictoire avec soi-même, pour ne se pas porter à ſecourir, autant que notre ſituation ou nos moyens le permettent, ceux dont l'état nous touche. Or il n'eſt pas étonnant que les hommes agiſſant uniquement par reflexion ſur eux-mêmes, ſe portent à des actions de commiſération, parce que le ſimple raiſonnement guidé par les exemples qui s'offrent ſans ceſſe à nos yeux, nous dit qu'il n'y a point de malheurs qui ne puiſſent tomber ſur nous à notre tour ; & que quelque peu de fond qu'on croye pouvoir faire ſur l'humanité, on croit agir ſagement, en ſe préparant, à tout evénement, des titres de reconnoiſſance : comme le laboureur dépoſe ſon grain dans la terre qu'il a cultivée, ſur la ſimple eſperance d'une année fertile qui lui rendra au centuple ce qu'il a mis au hazard.

XXVIII. Le ſentiment, ou ſes effets, ſont donc devenus par la dépravation de l'homme, une eſpece de matiere de commerce que l'on répand ſouvent ſans merite, & que l'on hazarde plus ou moins hardiment à proportion du retour que l'on en attend. La conſtitution de l'homme le tient cependant quelquefois expoſé à des variations dans ſa conduite avec ſes ſemblables. La legereté de ſes premiers jugemens; ſa facilité à ſaiſir toutes ſortes d'impreſſions ; ſon penchant au ſoupçon ; l'inſtabilité continuelle des operations de ſon eſprit ; la multiplicité innombrable des objets qui tous le viennent fraper à leur tour, & qui, ſans changer eux-mêmes, produiſent des ſenſations toutes differentes & toutes oppoſées, ſelon la ſituation momentanée de l'homme qui lui-même ne peut pas quelquefois s'en rendre raiſon : tout cela rend ſouvent l'homme incompréhenſible avec lui & avec les autres. Un goût involontaire ſe forme, il ſe ſoutient quelque tems, & finit auſſi ſans motif. On ſe ſépare comme on s'eſt joint ; c'eſt ce qu'on peut appeller caprice ; le cœur n'y eſt pour rien ; le raiſonnement n'y a aucune part ; & celui qui tombe dans ce cas, eſt à plaindre, ſans qu'on doive pour cela néceſſairement attaquer ſes ſentimens, pourvû que pendant qu'a regné ce goût involontaire, il ne ſoit rien arrivé qui ait dû le convertir en principe, & en ſentiment, par exemple, de reconnoiſſance. Car alors il faut partir de ce dernier point ; & le caprice ſeroit une raiſon ſuſpecte & mauvaiſe à alléguer, pour juſtifier une inſtabilité qu'on ne peut pardonner à la miſere humaine, que dans les cas où la pureté du cœur n'y ſeroit intereſſée en aucune maniere. Il eſt difficile de paſſer un jour de ſa vie, ſans voir de ces exemples de caprice. Il eſt tel homme à qui vous demanderez pourquoi il aime, ou pourquoi il n'aime plus un tel homme, & qui pourra vous dire de bonne foi qu'il ne le ſçait pas. C'eſt un vent qui échauffe, ou refroidit l'air ; on en ſent l'effet ; on n'en connoît point la cauſe ; on ſe contente de ſe défendre contre l'un ou l'autre par des précautions oppoſées.

XXIX. Si l'homme, dans le moment même d'un pareil caprice, qui ne laiſſe pas que de jetter quelque trouble dans la societé, eſt quelquefois excuſable ; il ne l'eſt pas de n'avoir pas eu de bonne heure cette juſte & ſalutaire défiance de ſoi-même, qui fait que l'on travaille ſur ſoi, que l'on accoutume ſon cœur, autant qu'il ſe peut, à ne ſe point livrer légerement ; que l'on prend l'habitude du diſcernement, que l'on gêne ſon tempérament, quand il a trop d'influence ſur les opérations de l'ame ; que l'on s'aſſujettit à raiſonner ſans ceſſe, non ſur les evénemens, mais ſur leurs cauſes ; que l'on s'accoutume à ne faire jamais aucune démarche, ſans l'avoir miſe dans la balance, & ſans s'être rendu compte à ſoi-même de la raiſon que l'on a eûë d'agir d'une façon, ou d'une autre. Telles ſont les précautions, qui nous rendant, pour ainſi dire, ſupérieurs à nous-mêmes, mettroient nos pareils à couvert du tourment que leur donne un coup de caprice, toujours d'autant plus ſenſible, qu'il eſt toujours inattendu; parce que comme il n'eſt point préparé par la réflexion, il n'eſt annoncé par rien. Tout homme ſe met donc dans le cas de manquer aux devoirs de la ſocieté, ſouvent les plus eſſentiels, quand par un examen ſevére de ſon caractére & de ſes inclinations, il ne s'apprend pas à lui-même quelles ſont les parties ſur leſquelles il doit travailler de préference, pour ſecouer autant qu'il ſe peut, le joug des foibleſſes humaines, & ſe rendre le plus propre qu'il eſt poſſible à la ſocieté pour laquelle il eſt né. Car malgré la liaiſon intime

& indéfiniſſable qui ſe trouve entre les mouvemens du cœur & les opérations de l'eſprit, ils ont chacun, pour ainſi dire, un reſſort, & un diſtrict bien diſtinct: il y a des vices du cœur & des vices de l'eſprit; & comme l'un & l'autre influent ſur le bonheur de la societé, l'homme ſenſé doit porter également ſon attention ſur ces deux parties, pour en faire des inſtrumens du bonheur des autres hommes, ſans ſe fier trop au principe, vrai pourtant juſqu'à un certain point, que l'homme ſe forme avec l'homme. Heureux, quand les réflexions ne ſont pas le fruit de la ſeule expérience, & quand l'experience n'eſt qu'un ſecours ſubſidiaire. En effet un homme eſt loüable quand il profite de l'expérience, mais, quand il ne doit qu'à cette cauſe ſa formation, cela ſuppoſe qu'il a ſouvent fait des faux pas, avant que de marcher bien droit: au lieu que celui qui ne fait que joindre l'expérience aux lumieres & aux principes, manque néceſſairement moins ſouvent, & réuſſit plus ſûrement. Cette réflexion doit avoir ſon application ſur-tout à la jeuneſſe qui eſt bien expoſée au dérangement, quand elle n'a pas d'avance les grands principes pour baſe de ſon entrée dans le monde.

XXX. L'homme oublie trop aiſément, ou ne ſent jamais aſſez qu'il eſt membre non-ſeulement d'une ſocieté particuliere, mais de la ſocieté générale. De ce que les hommes ſe ſont ſéparez, pour former différentes habitations; de ce qu'ils occupent des païs éloignez les uns des autres; de ce qu'ils parlent des langues particulieres; leur eſpece a-t-elle pour cela ceſſé d'être ſemblable & commune? La diſſemblance des loix particulieres ſous le lien deſquelles chaque ſocieté ſubſiſte, n'eſt qu'une choſe arbitraire; & chaque code a un point de réunion commun dans les principes du droit naturel qui eſt le

lien

lien général de tous les hommes. Un Chinois doit-il m'être moins cher, ou doit-il paroître moindre à mes yeux, qu'un Allemand, qu'un Grec, ou un homme de quelque autre païs qu'il ſoit, dès qu'il remplira à mon égard les devoirs de l'humanité, ou les principes du droit naturel ? La diſtance qui ſépare un Européen d'avec un habitant du nouveau monde, rendant leur communication moins fréquente, eſt ſeulement un obſtacle à ce qu'il ſe forme entr'eux une certaine intimité. Mais peut-être que ce Chinois, ſi je le connoiſſois mieux, me paroîtroit digne de tous les ſentimens que j'accorderois à un de mes compatriotes. Tous les jours même nous trouvons dans les Peuples les plus éloignez de nous & que nous croyons le moinspolicés, des traits de vertu, d'honneur & de probité qui doivent nous faire ſentir que généralement parlant un homme n'eſt jamais mépriſable aux yeux d'un autre homme, quand il n'a point de tache connuë qui doïve décider notre opinion à mal par rapport à lui.

XXXI. Il y a des Nations qui semblent les unes envers les autres, sympathiques ou antipathiques. Ce n'est ni la raison, ni la nature qui dictent, ou qui inspirent ces mouvemens. Il n'est point vrai, à raisonner en général, qu'une Nation aime ou haïsse par nature une autre Nation, parce que tous les individus d'une Nation ne sont pas aimables ou haïssables. C'est toujours un préjugé de l'éducation. On ne verra point, par exemple, deux Nations se haïr, quand elles n'auront jamais été en guerre : on n'en verra point deux s'aimer quand elles auront eu pendant une longue suite de tems des démêlez vifs entr'elles. La raison en est simple. Deux Peuples qui ont toujours bien vêcu ensemble, se sont indubitablement trouvé liez par des intérêts communs, & uniformes. L'utilité reciproque a cimenté & accrédité le principe. Et rien ne prouve mieux que les hommes ſont faits naturellement pour bien vivre entr'eux ; car cet eſprit d'union regne principalement entre des Peuples, qui par l'éloignement de leur ſituation n'ont point été à portée d'être compromis l'un avec l'autre. Les peres inſpirent ce qu'ils penſent à leurs enfans, & ceux-ci de même de race en race à ceux qui les ſuivent.

XXXII. C'eſt auſſi cette même gradation qui produit ces antipathies dont il y a plus d'un exemple entre deux Nations auſquelles le voiſinage a été occaſion de querelles fréquentes. Les Souverains ont des démêlez; les Peuples s'arment, les malheurs de la guerre tombent ſur une des deux Nations. Celui dont les maiſons ont été détruites ; dont les biens ont été ruinez ; dont les parens ſont tombez ſous le fer ennemi, inſtruit les ſiens au ſoin, & au deſir de la vengeance. Un trait de cruauté dont on a été la victime se raconte de génération en génération ; le souvenir s'en perpetuë ; & l'image loin de s'affoiblir par le tems, n'en devient souvent que plus vive. Que des hazards de circonstances fassent enfin cesser les raisons de désunion : on voit peu-à-peu les hommes revenir au sentiment naturel, qui les porte à vivre paisiblement avec leurs semblables. Ce retour n'est pas sensible encore à la vérité dans la premiere génération ; mais la seconde paroît déja avec des préjugez plus foibles qui viennent enfin au point de s'éteindre totalement. Cette généralité de sentimens de haine est pourtant, il en faut convenir, souvent bien injuste, & portée trop loin. Faut-il que toute une Nation partage le démerite, & porte le poids d'une action particuliere & momentanée ? Et l'homme en soi le plus estimable qui sûrement détestera dans ſon cœur une action injuſte, ou barbare, doit-il perdre à mes yeux tous les avantages dûs à ſes qualités perſonnelles, parce qu'il ſera membre d'une Nation qui aura fait du mal à la mienne ?

XXXIII. La jalouſie peut auſſi quelquefois produire ces ſortes d'antipathies. Et alors il n'eſt pas ſi étonnant qu'elles ſoient générales. Il y a des Nations qui, communément parlant, ont des avantages ſur d'autres Nations. La différence du climat, & de l'éducation, les occaſions plus ou moins fréquentes de paroître, font que quelquefois il y a généralement plus d'eſprit, ou plus d'agrément, ou plus d'adreſſe ou plus de courage dans une Nation que dans une autre. L'opinion qui s'en répand à tort ou à raiſon, devient pour chaque membre d'une ſocieté moins eſtimée un motif de jalouſie, & par conſéquent d'inimitié contre les membres de l'autre ſocieté. On a ſouvent vû qu'il n'en a pas fallu davantage pour exciter des guerres d'autant plus ſanglantes, & d'autant plus obſtinées, qu'elles étoient des eſpeces d'engagemens d'honneur. Cependant une pareille opinion, quelque fondement qu'elle puiſſe avoir, ne doit jamais être ſans exception ; parce que dans chaque Nation il y a des hommes aimables, comme il y a des hommes d'eſprit & de courage. Or il n'eſt pas pardonnable à un homme qui a perſonnellement des avantages égaux à ceux des mieux partagez d'une autre Nation, d'adopter les mouvemens de jalouſie de ceux qui ne pardonnent pas aux autres l'inferiorité où ils ſont réellement vis-à-vis d'eux, par la ſeule raiſon qu'ils la ſentent. Mais le préjugé eſt toujours avec le plus grand nombre, & les gens les plus ſenſés ſont ſouvent obligez de céder au torent, &de ſe laiſſer entraîner. Il y a donc certains principes du droit des gens ou du droit public, qui ayant naiſſance dans le droit naturel doivent lier tous les hommes entr'-eux de quelque Nation qu'ils puiſſent être ; & nulle raiſon ne ſemble pouvoir les en diſpenſer, ou les excuſer, quand ils s'écartent de cette maxime; car, bien que les hommes ſoient partagez en differents corps de Nation, ils doivent ſe regarder, comme s'ils vivoient encore en commun, parce qu'ils étoient faits pour cela, & que ce n'eſt que la méchanceté, ou l'injuſtice de quelques-uns qui ont rendu les partages néceſſaires, pour prévenir les diſſenſions qui auroient continuellement ſubſiſté entr'eux. Les premiers Souverains ont peut-être eu plus de peine à contenir dans les bornes preſcrites ceux qui leur étoient ſoumis, qu'à défendre ces mêmes bornes contre les voiſins. La différence même de religion entre deux Nations voiſines ne doit pas empêcher la pratique des devoirs de ſocieté & de correſpondance entr'elles ; & cette verité eſt fondée ſur le même principe de droit naturel, qui ne permet pas que l'on manque de foi à ſes ennemis, ni à des infidéles, parce que cette difference dans la croyance ne réſout point les obligations civiles qui doivent ſubſiſter pour le maintien de l'harmonie entre les diverſes ſocietés qui peuplent la terre. Auſſi eſt-il ſouvent arrivé que cette difference de religion n'a été qu'un prétexte, pour couvrir des vûës bien contraires aux principes de l'équité ; & par conſéquent à ceux de la religion qui en eſt la ſeule baſe ſolide.

XXXIV. Si les hommes qui forment chaque ſocieté, vouloient bien ne pas perdre de vûë cette eſpece de communauté, qui eſt conforme à leur origine, ils ſeroient rarement diviſez entr'eux, parce qu'ils exerceroient les actes d'humanité envers leurs pareils ſans diſtinction de Nation ; & qu'ils agiroient avec eux comme avec leurs freres, puiſqu'effectivement nous le ſommes tous, obſervant ſeulement les préferences qu'il eſt raiſonnable d'acorder à ceux qui ſont avec nous corps de même Nation. Mais s'il paroît étonnant que nous nous écartions de ce que nous devons à ceux qui par rapport à nous ſont étrangers : il le doit paroître encore bien davantage que même avec nos Compatriotes, & avec ceux que nous voyons continuellement, nous ne ſoyons pas plus exacts obſervateurs des devoirs qui ſont dictez par la raiſon, & ordonnez par le précepte. La raiſon en eſt, que le ſeul hazard ordinairement nous aſſemble, & que le ſeul interêt nous conduit dans toutes nos déterminations. Chacun s'eſt établi en differents endroits ſelon ſa convenance. Les Villes ont été fondées dans cet eſprit ; & elles ſe ſont augmentées par le concours de ceux qui ont voulu partager les avantages de certaines ſituations. Car en matiere d'induſtrie, tous les hommes croyent avoir un droit égal à ſon produit. En effet, l'Artiſte ne ſe fixe qu'au lieu où il juge que ſon art peut faire ſa fortune : s'il s'eſt trompé dans ſon choix il change juſqu'à ce qu'il trouve à remplir ſon objet. L'homme a talents, de quelque nature qu'ils ſoient, cherche les ſocietés, & les lieux où il y a des amateurs des talents ; & c'eſt ce qui produit inſenſiblement l'éclat des Villes fort peuplées, parce que les beſoins y étant multipliez dans la proportion du nombre, ceux qui ſont propres à ſatisfaire ces differents beſoins trouvent un avantage ſûr à s'y raſſembler.

XXXV. Cela eſt exactement vrai pour toute ſorte d'arts & de profeſſions, particulierement pour celles dont perſonne ne peut ſe paſſer, comme la Medecine, la Chirurgie, la

Pharmacie, & ce n'eſt aſſûrément pas le deſir pur & ſimple d'être utile à ſes pareils qui détermine un homme à ſe fixer à une profeſſion préferablement à une autre. Le plus ſage ſelon l'opinion commune eſt celui qui conſulte ſes talents, ou ſes diſpoſitions, dans la vûë de travailler à ſa fortune. La preuve en eſt, que tous ceux qui l'ont portée à un certain point, commencent alors ordinainairement à avoir moins d'empreſſement, & moins d'ardeur dans la pratique de leur profeſſion. C'eſt ce qui n'arriveroit pas, ſi les hommes de ces differents états n'avoient en vûe que l'utilité publique; puiſque d'un côté le beſoin public eſt toujours le même, & que de l'autre, leur expérience étant augmentée, ils n'en ſeroient que plus utiles à ce même public, dont la confiance a fait la naiſſance, & le progrès de leur fortune. Il ne ſeroit pas difficile de conclure la même choſe par rapport à ceux qui excellent dans quelque art qui demande de l'induſtrie, de la façon dont ils abandonnent leur état dès qu'ils le peuvent, pour en prendre un qu'ils croyent plus élevé. Le vulgaire loüe lui-même ſans diſcernement cet abandon, & trouve de la ſageſſe à cette façon de ſe repoſer. Mais ſans examiner ici, ſi en ce genre cela eſt bien ou mal fait, il faut au moins que l'on avoüe que c'eſt une preuve évidente que les hommes n'ont qu'eux-mêmes en vûë quand ils embraſſent, & qu'ils ſuivent une profeſſion, quelle qu'elle ſoit.

XXXVI. Il y a encore une démonſtration de cette vérité dans une circonſtance que nous voyons preſque dans tous les états en chaque païs; c'eſt que le plus grand ſoin qu'ayent les gens qui excellent dans un art, eſt de ne point former d'éleves ; ſoit jalouſie, ſoit crainte de voir leurs profits partagez par des hommes formez ſous leurs yeux, & par leurs mains, ils craignent de communiquer leur connoiſſance, & leurs talents. L'amour-propre ſeul ne produit pas cet effet. L'eſprit d'interêt y a certainement la plus grande part. L'amour-propre, s'il n'étoit pas ſubjugué par cet eſprit d'interêt, ſe trouveroit flatté par la formation de gens habiles dont la fortune ſeroit un témoignage continuel de la ſuperiorité du Maître, ſur-tout dans ces moments où l'homme approchant de ſon terme, ne peut pas ſentir la même répugnance à ſe voir égalé, ou imité. Quand on voit en ce genre, comme cela arrive quelquefois, des peres jaloux, pour ainſi dire, de leurs talents, même avec leurs enfans, on peut penſer alors que c'eſt le ſeul amour-propre qui agit. Mais la propoſition avancée ſur l'eſprit d'interêt dans tous les autres cas, peut, & doit paroître vraie. En général, par quelque motif que ce ſoit, on n'aime point les concurrents ; on les écarte autant que l'on peut ; & communément ce ſentiment s'exerce contre ceux en qui l'on voit une certaine ſupériorité. Cette eſpece de mouvement eſt bien blamable, quand il porte ſur des profeſſions qui ne ſont pas de pure ſuperfluité, mais qui intereſſent la conſervation des hommes. C'eſt qu'on ne ſe fait juſtice que pour être injuſte ; car malgré le mauvais uſage qui en eſt la ſuite, c'eſt ſe la faire, que de reconnoître ce qui eſt ſupérieur à nous.

XXXVII. Les liens les plus étroits de l'amour du prochain réſident dans les dégrés de parenté directe & immédiate. Tel eſt l'amour des peres pour leurs enfans, & reciproquement des enfans pour leurs peres. Sur-tout des peres aux enfans la voix de la nature parle ſi fortement, & d'une maniere ſi preſſante, que rien ne peut ſembler plus étonnant que les mouvemens perſonnels qui paroiſſent quelquefois étouffer cette voix, ou que ces exemples biſarres qui donnent ſi juſtement les titres de peres dénaturés à ceux qui ſacrifient les avantages de leurs enfans à des préventions, ou à des foibleſſes toujours blamables en elles-mêmes, mais bien criminelles, quand elles ont d'auſſi funeſtes effets. Cet amour ne doit pourtant pas non plus être aveugle ; car au lieu d'être un bien, il eſt alors un mal pour ceux qui en ſont l'objet. Telle eſt cette indulgence qui portée trop loin fait excuſer, ou même quelquefois approuver dans des enfans ce qu'on ne voudroit pas pardonner à des étrangers ; ce n'eſt pas aimer ſes enfans pour eux-mêmes, mais pour ſoi. Souvent on en reconnoît l'abus trop tard, & quand le mal eſt devenu ſans remede. Il y a donc un juſte milieu à obſerver, pour pouvoir ſe rendre le témoignage d'avoir rempli cette partie eſſentielle des devoirs de la ſocieté.

Consacrer à ses enfans des soins continuels & assidus pour leur conservation, sans tomber dans cet excès qui tient de la molesse ; pourvoir à leur subsistance, & à leur entretien, sans leur donner des exemples de superfluité ; conserver avec œconomie un bien qui doit être le leur un jour ; & de la dissipation duquel ils auroient justement à se plaindre ; veiller à leur instruction, pour la formation de leur cœur, & de leur esprit ; les conduire par des conseils sages ; & les retenir par une crainte salutaire ; châtier leurs mauvaises actions ; loüer, & récompenser ce qu'ils font de bien ; leur procurer des établissemens, & un état, dès qu'ils sont en âge, & assez formez pour remplir les devoirs de quelque profession que ce soit ; ne leur faire aucun tort dans la disposition de ses biens : telle est la suite de conduite, qui remplissant toute l'étenduë des devoirs des peres envers leurs enfans,

ne

ne laiſſe que des ſujets de tranquillité, & de ſatisfaction intérieure à ceux qui achevant leur carriere paſſent à une meilleure vie.

XXXVIII. Les enfans ont à remplir envers leurs parens des devoirs d'une bien plus grande étenduë. La premiere obligation qui les regarde, ils l'apportent & la contractent en naiſſant ; elle augmente & s'accroit à chaque moment, à meſure que l'amour paternel s'exerce en la façon que l'on vient de dire. Il ne s'agit pas ici des différentes coutumes qui ont eu lieu en différents tems, & en différents païs, par rapport à l'autoté des peres ſur leurs enfans ; mais ſeulement des obligations qui naiſſent purement & ſimplement du droit naturel, perfectionné par le droit divin. Reſpecter l'âge & les droits des peres ; leur porter une continuelle vénération ; leur rendre une obéiſſance non interrompuë, en tout ce qui n'eſt pas défendu par le droit divin ; pratiquer une exacte déference pour leurs conseils ; les aider en toute occasion ; sacrifier pour eux, s'il est nécessaire, le sang que l'on a reçû d'eux ; les nourrir de son bien, si l'on en a quelque portion indépendante du leur ; veiller continuellement à la prolongation de leurs jours ; se rendre en tout point un objet digne de leur bénédiction ; les soulager dans leurs maladies ; les consoler dans leurs infirmités ; regarder leur fin comme la séparation d'une partie de soi-même ; leur rendre avec amour jusqu'aux derniers devoirs ; respecter leur mémoire après eux dans tout ce qui leur a été legitimement cher ; porter jusqu'au dernier moment un tendre souvenir de la tendresse dont on a joüi de leur part ; la faire retrouver à ceux qui pouvoient être en droit de la partager : tels sont les devoirs dont rien au monde ne peut dispenser, parce qu'ils sont puisez dans la nature même.

XXXIX. Car, de ce que des parens ne remplissent pas ce qu'ils doivent à leurs enfans, ceux-ci ne sont pas délivrez des obligations que leur dictent la nature & le droit divin. L'humanité peut répugner à acorder un amour tendre, & un certain attachement à des parents qui étouffent injustement la voix de la nature; mais ni la déference, lorsqu'elle ne tend pas à un sacrifice entier de soi-même, ni le respect, ni l'obéissance, ne doivent jamais cesser : ce sont des prérogatives cheres à conserver de la part des enfans, qui n'ont que d'autant plus de satisfaction intérieure, quand ils peuvent se rendre le témoignage d'avoir accordé aux loix de la nature, ce que le sentiment humain pouvoit regarder comme non merité : tels sont les grands principes dont il est rare que les enfans s'écartent, comme il est rare que les peres étouffent la voix de la nature, si quelque tort, ou quelque manquement n'y donnent point occasion.

XL. Le degré qui suit immédiatement les degrés que l'on vient de parcourir, est celui de la parenté collatérale, comme de freres, & de sœurs. Observer une union & une complaisance relative au devoir de plaire à des parens communs, tant qu'on vit sous les liens de l'autorité paternelle; quand ces liens ont cessé par le cours ordinaire de la nature, ou que par des arrangemens civils ils ont changé de nature, maintenir l'amitié; contribuer à l'accroître par tous les moyens possibles; ne point connoître d'interêts distincts, & séparez; se faire regarder dans la societé comme une seule & même personne; se communiquer ses vûës & ses desseins; s'entraider pour les faire réussir; se faire part reciproquement de sa fortune, dans des circonstances fâcheuses & embarrassantes; envisager comme une seule &

même chose ce qui arrive aux uns ou aux autres d'heureux ou de malheureux ; éloigner tout sujet de jalousie, regarder comme ennemi commun quiconque même avec l'apparence de la meilleure intention ose tenter d'inspirer de l'aigreur ; être toujours prêt à se réunir contre les obstacles qui peuvent s'opposer à l'un ou à l'autre ; travailler à la satisfaction réciproque ; & n'estimer la mort cruelle, que parce qu'elle rompt des liens précieux, dont la dissolution coute de justes larmes ; c'est remplir les devoirs attachez à ce degré de parenté.

XLI. Il semble que le commun des hommes se trompe, quand il suppose, sans sortir de ce degré, des devoirs moins étendus, ou moins indispensables entre freres ou sœurs, qui n'ont pas des peres & des meres communs ; & réellement il paroît par le peu d'union, & même par l'inimitié que l'on voit souvent entre ceux qui ſont dans ce cas, que s'il devoit y avoir à cet égard quelque différence, on la porte beaucoup trop loin. En effet, c'eſt preſqu'un uſage établi que de ſe haïr, dans ces circonſtances ou du moins de ſe regarder comme des étrangers, qui ne ſe devroient rien l'un à l'autre. On ne prend même pas la peine de ſe maſquer ſur cette façon de penſer. Cependant il faut convenir que s'il n'y a pas alors un double lien auſſi fort qu'entre ceux qui ſont ſortis d'un même lit, il en ſubſiſte au moins un, dont les effets ne paroiſſent pas devoir être détruits. L'eſprit d'interêt ſeul peut dicter un langage contraire, & des maximes oppoſées. Pourquoi ſans cela, des enfans ſortans d'un ſecond mariage, ſeroient-ils un objet de haine, d'inimitié & de jalouſie aux yeux de ceux qui ſont les fruits d'une premiere union ? La tendreſſe des parens ne peut-elle pas ſe partager entre pluſieurs, ſans perdre rien de ſa force ſur chacun en particulier ? Il eſt vrai que par un effet de la foibleſſe humaine le contraire arrive quelquefois : c'eſt le cas d'en gémir, & de n'en pas murmurer, ſans des cauſes très-graves. Mais ſouvent les enfans premiers nez donent lieu eux-mêmes, par leur humeur & par leur conduite, à la perte qu'ils font dans les ſentimens de leurs parens, qui ſubſtituent de nouveaux engagemens à ceux que l'ordre de la nature a diſſous.

XLII. On ne parlera point ici des autres degrés de parenté collatérale plus éloignez. Ce ſont, pour ainſi dire, alors les ſentimens des parens entr'eux, & leur conduite réciproque, qui les rapprochent plus ou moins, car il peut y avoir de ces degrés aſſez éloignez, pour n'exiger que peu de choſes au-delà des devoirs ordinaires dans la ſocieté d'ami à ami. On excepte cependant de cette eſpece de parité, ce qui regarde la diſpoſition des biens, ſur laquelle les loix puiſées dans la juſtice naturelle nous gênent. Car, s'il étoit poſſible un moment, qu'on ſe trouvât ſans aucune parenté à quelque degre que ce fût, il n'eſt pas douteux que l'on ſeroit abſolument le maître de laiſſer ſon bien à celui de ſes amis que l'on croiroit le plus digne d'eſtime, ou qu'on jugeroit avoir le plus beſoin de ce ſecours de l'amitié. Mais, dès qu'il y a quelque parent, quelque éloigné qu'il puiſſe être, il eſt certain qu'en ce point de la diſpoſition derniere des biens, il doit avoir toute préference ſur l'étranger; ſinon pour la totalité, au moins pour la plus grande partie. C'eſt cependant un des articles ſur leſquels communément on n'eſt pas aſſez ſcrupuleux ; on s'eſtime trop libre de toute obligation à cet égard ; & rien n'eſt plus ordinaire dans ce cas-là que de dire, ou de penſer qu'on n'eſt tenu à rien, qu'autant qu'on le veut bien. Cela ſeroit plus pardonnable ſeulement, ſi de pareils parens très-éloignez ſe trouvoient dans un tel état de fortune, qu'une augmentation pût être regardée comme une très-grande ſuperfluité, qui trouveroit un emploi plus raiſonnable dans une diſpoſition differente. Mais c'eſt ſur quoi il faut prendre garde de juger légerement, parce que conſtamment c'eſt aller contre la rigueur des loix; & qu'uſer de la liberté qu'elles peuvent nous laiſſer, c'eſt ſouvent en abuſer.

XLIII. Quoiqu'on ne doive aſſûrément pas tout donner à la parenté, au préjudice des pauvres, & des miſérables; cependant quand il eſt queſtion de diſtinguer des degrés, & d'en former des claſſes différentes & ſucceſſives, on ne peut placer les devoirs envers les pauvres qu'à la ſuite de ceux que nous avons à remplir envers nos proches parens. Quiconque ſera ſuppoſé ſe trouver phyſiquement hors d'état de ſecourir les uns & les autres, devra être loüé de donner la préference à des parens pauvres, & dans le beſoin ; mais cette ſuppoſition ne peut jamais être regardée que comme une hypotheſe. Quelques ſecours que nos parens puiſſent attendre de nous, ils ne peuvent pas trouver à redire à ce que la compaſſion s'exerce auſſi ſur des étrangers, qui ſont dans une miſere, dont ils ne ſont point coupables. Mais ce qui fait que l'on obſerve rarement ſur cela une exacte proportion, c'eſt que l'amour-propre plutôt qu'aucun autre mouvement nous ſollicite en faveur des parens dans le beſoin. Cet amour-propre va quelquefois juſqu'au point criminel de méconnoître des parens, dont la miſere nous fait rougir, & au ſecours deſquels la dureté de notre cœur nous empêche d'aller : au lieu qu'il n'eſt point affecté de l'indigence de gens auſquels nous eſtimons ne rien devoir, & que nul lien, à ce que nous croyons, ne nous oblige à fréquenter. Delà vient que l'on est ordinairement si froid sur les actes de libéralité, qui par la maniere dont ils sont placez, ne doivent rien qu'à l'esprit de charité, & de commisération, & dont aucun des effets & des retours ne réflechit sur l'amour-propre.

XLIV. Car on ne peut pas nommer mouvement de pitié, ce sentiment de répugnance que la nature seule excite en nous, à la vûë d'un objet misérable, & au récit de quelqu'avanture, ou de quelque situation malheureuse. C'est cependant à quoi se bornent la plûpart des humains. On gémit ; on paroît touché ; on semble compatir ; mais lorsque le secours effectif ne suit pas cette espece de compassion, elle ne peut être regardée que comme un sentiment forcé qu'on cherche à étouffer, & auquel on ne songe qu'à se refuser. Il n'est pas vrai qu'aucun lien ne nous oblige à fréquenter les pauvres. Indépendamment de ce qui en cela peut être de précepte, convenons qu'il y a peu de mérite à se borner à ne vivre qu'avec des gens heureux, & à ne voir que des objets satisfaisants. Mais fréquenter des malheureux ; consoler des affligés ; aller jusque dans les retraites les plus cachées & les plus obscures chercher le misérable pour le soutenir, & le secourir : c'est une occupation dont, loin de rougir, on doit se faire gloire, puisquelle est conforme à l'humanité, & que d'ailleurs ce n'est point la situation passagere où les hommes peuvent se trouver qui met le prix aux hommes. En les considérant, quelque misérables qu'ils soient, rélativement à leur origine, & à leur fin exactement semblables à la nôtre, nous sentirons que nul homme n'est indigne, comme tel, des soins d'un autre homme, & que c'est nous honorer nous-mêmes que d'étendre sur les malheureux une main ſecourable.

XLV. Plus les bienfaits ſont cachez, plus ils ſont dignes d'éloge. Ils peuvent être ſuſpects, dès qu'ils ſont accompagnez de quelque circonſtance propre à faire ſuppoſer de l'oſtentation. Le malheureux, à la vérité, y trouve également ſon compte ; mais le ſpectateur peut croire que l'amour-propre, ou la vûë de quelque interêt ignoré, en eſt l'origine ; & dès-lors l'action doit perdre de ſon prix aux yeux de ceux qui veulent, & avec raiſon, que l'homme aime ſes devoirs pour les devoirs eux-mêmes, & dans la ſeule vûë pure de faire le bien, & de rendre à l'humanité le tribut que chaque individu de la ſocieté lui doit. Combien n'y a-t-il pas de pratiques dans le cours ordinaire de la vie, qui ne méritent point le nom de vertu, quoiqu'elles en portent tous les caractéres extérieurs ?

XLVI. Quoiqu'il vaille beaucoup mieux manquer, en ce genre, par le plus que par le moins, il y a cependant quelque discernement nécessaire à apporter dans la répartition des actions de charité, non par la considération qu'il y auroit de la dupeᵣie à donner à des gens qui n'en auroient pas besoin ; car cette considération n'interesseroit que l'amour-propre, & ne devroit pas être d'un grand poids ; mais parce que les facultés de chacun ne permettant pas de suffire à tout, on ôte réellement à ceux qui ont besoin de notre secours, ce qu'on répand sans choix, & sans examen sur ceux qui peuvent s'en passer, ou qui n'ont pas justement droit de prétendre aux effets de notre commisération. Or du plus au moins, les passions sont les mêmes dans tous les hommes ; & le même mouvement qui fait qu'un homme riche veut l'être encore davantage, fait aussi que parmi ceux qui auront, par exemple, l'étroit nécessaire, il s'en trouve qui affectent de paroître manquer de tout, pour avoir du superflu par l'excessive bonté ou facilité des autres. Parmi ceux qui sont réellement misérables, il y en a qui ne le sont que par leur faute comme mauvaise conduite, avidité d'acquérir, sots & ridicules engagemens, paresse ou dissipation. Ceux-là peuvent exciter en nous quelques sentimens de pitié, parce qu'il y a des situations qui, abstraction faite des causes qui les ont produites, sont toujours interessantes ; mais ils ne méritent point de partager des secours, qui de toute préference sont dûs à ceux qui ne peuvent pas se reprocher leur misere, ou qui faisant tous leurs efforts pour surmonter la mauvaise fortune, ne peuvent pas, pour ainsi dire, être secourus en vain.

LVII. On voit tous les jours en ce genre, des choses qui démontrent jusqu'où va l'orgueil des hommes : il y a beaucoup de gens qui ne seroient pas exposés aux horreurs de la misere, s'ils pouvoient prendre sur eux ou de ne la pas cacher, ou de la laisser connoître. Parce qu'on sera né de parens honnêtes, ou que l'on aura une grande naissance, ou parce qu'on aura par des malheurs publics perdu sa fortune, on rougit de paroître, & de s'offrir aux ressources même honnêtes en elles-mêmes, que l'on pourroit employer, pour ne devoir qu'à soi une subsistance sinon abondante, du moins suffisante. On aime mieux l'attendre de la compassion des gens que la voix publique a annoncés comme charitables, & à qui l'on a même soin de ne faire parvenir le tableau de son état que par des détours ingenieux, propres à soustraire la connoissance du malheureux à ceux même de qui l'on attend du secours. Tels sont ceux que l'on nomme me les pauvres honteux, ne font-ils pas trop d'honneur à la fortune, quand ils la croyent d'un assez grand prix, pour devoir rougir de ses mauvais taitemens? On passe à l'amour-propre de chercher à ensevelir une action, ou qui sera mauvaise, ou qui pourra le paroître, n'étant pourtant au fond que malheureuse; mais cet amour-propre est trop mal entendu, & passe les bornes de la raison, quand il peint à nos yeux, comme un objet d'humiliation, l'inégalité désavantageuse des biens de la fortune. Doit-on rougir de l'impossibilité de porter le luxe, ou les aisances de la vie, aussi loin que ceux que les hazards ont favorisés.

XLVIII. Cet amour-propre croit trouver une excuse dans un préjugé vulgaire, qui m'a toujours semblé une erreur impardonnable: on croiroit être dèshonoré par une infinité de professions, ausquelles on ne voit pas s'adonner une certaine eſpece de gens ; & parce qu'on vaudra autant, ou peut-être plus, on s'interdit à ſoi-même un ſecours, qui n'eſt pourtant jamais deshonorant, quand il eſt néceſſaire. C'eſt, à dire vrai, l'opinion ou la fantaiſie qui a décidé que certains états étoient plus honnêtes que d'autres ; il n'y a même pas deux pays, pour ainſi dire, où l'on penſe ſur ce chapitre avec une entiere uniformité ? Si on excepte les états de ſervitude, cela me paroît entierement faux ; & en les admettant, j'aurois encore bien de la peine à paſſer la propoſition, ſans aucune reſtriction : il eſt ſeulement vrai qu'en général j'aurai peu d'opinion des ſentimens de quiconque pouvant embraſſer un état convenable, ſelon l'opinion commune, à ſon rang, ou à ſa naiſſance, s'abaiſſera à un état fort diſproportionné. Mais en reſtant dans la theſe générale, & en ſuppoſant le cas de néceſſité, ou l'impoſibilité de choiſir, tous les états me paroissent égaux, quand on en remplit les devoirs, quand on y porte la pratique de la vertu, & de la probité, & quand on s'y conduit dans la seule vuë de procurer une subsistance à soi & aux siens, & de mériter une sortie, ou un débouché qui soit plus raproché du dégré de la naissance. Je dirai même plus, c'est que je respecterai une pareille résolution, & que je croirai toujours y voir les caracteres du courage de cœur & d'esprit, que je ne trouve point dans cette paresse oisive, qui tient le malheureux enseveli sous les voiles de la solitude.

XLIX. En effet, il arrive souvent que ce que l'on vient de considerer seulement sous le coup d'œil de l'orgueil & de la vanité, a sa source dans l'indolence, & dans l'éloignement de toute gêne & de tout travail. Les hommes qui sont assez heureux pour connoître leurs défauts, sont aussi assez ingenieux sur les moyens de les déguiſer ; ſouvent un amour-propre apparent y prête ſon miniſtere. Si l'on a été élevé dans le ſein de l'abondance, ſi l'inutilité préſumée fauſſement, comme on le voit, de ſe rendre bon à quelque choſe, a éloigné de toute culture de l'eſprit ou de toute acquiſition des talens : on ne ſe détermine pas, même dans un cas de néceſſité, à embraſſer une vie laborieuſe : on préfere une tranquilité même dénuée de toute reſſource, ſans ſonger qu'on manque à ce qu'on doit à ſoi premiérement, & enſuite aux ſiens, ſi l'on a une famille. Car la nobleſſe n'eſt pas une occupation; & comme tout homme doit quelque choſe aux ſiens & à ſa patrie : il eſt évident que c'eſt manquer à l'un & à l'autre, que de chercher dans l'éclat d'une naiſſance, qui ne fait rejaillir ſur nous aucun mérite perſonnel, un prétexte pour ne ſe rendre bon à rien, & pour ſe borner à obtenir gratuitement de la charité, des ſecours bien plus légitimement dûs à ceux qui ſe dépoüillant des préjugez vulgaires commencent par s'aider eux-mêmes.

L. On ne doit cependant pas conclure de là qu'il ne ſoit dû aucune ſorte de ſecours à ceux dont on vient de blâmer les principes & les préventions, il eſt vrai ſeulement qu'ils ne méritent pas une préference abſoluë, & ſans reſtricton. Il eſt louable, ſi on le peut, d'étendre juſques-là ſes biens-faits, parce que tout ce qui eſt l'effet d'un ſentiment interieur de commiſeration que l'on croit bien placé, même quand on ſe tromperoit, eſt louable en lui-même. Mais il faut s'acoûtumer à examiner & à connoître, afin de ne point porter trop loin ce qui en effet doit avoir des bornes. Et il faut convenir que, ſi ce qu'on vient de peindre ſous les couleurs de l'amour-propre, eſt réellement un défaut, il n'en eſt pas moins vrai qu'il y a des ſituations touchantes ; & qu'en même-tems qu'on doit plaindre ceux qui ſont eux-mêmes la victime de leurs foibleſſes, & de leurs préventions, on ne doit pas les en punir, juſqu'au point de les abandonner. Ce ſeroit être injuſte que de vouloir trouver des hommes ſans défauts, & de traiter comme coupables ceux qui en ont, que ſouvent ils ne ſont pas maîtres de ſurmonter. D'ailleurs, peut-être que nous aurions les mêmes défauts ou de plus grands, ſi nous nous trouvions dans des ſituations auſſi fâcheuſes. L'humanité eſt ſi foible, qu'elle peut ſe porter aiſément au déſeſpoir ; & ce ſeroit faire un grand mal en ſoi, que de la laiſſer expoſée à une auſſi funeſte extremité, dont on ſe ſeroit, pour ainſi-dire, rendu complice ſoi-même par ſa dureté, ou par un principe de ſéverité porté trop loin. Rien n'eſt pourtant ſi commun que de voir des hommes très-imparfaits, traiter avec les autres hommes, comme si c'étoit un crime que d'avoir quelque imperfection.

LI. On place seulement après cette classe des malheureux en géneral, celle des devoirs entre amis, parce que par la nature des obligations de notre naissance, nous nous devons beaucoup plus à ceux ausquels nous sommes indispensablement nécessaires, qu'à ceux qui peuvent se passer de nous, & vers lesquels notre cœur ne se porte, pour ainsi dire, que par une espece de détermination du goût, ou de l'habitude. L'amitié doit ordinairement sa naissance à l'un de ces quatre principes, ou à un goût décidé, ou à l'habitude, ou à l'interêt, ou à la reconnoissance. On comprend ce dernier, parce que, quoiqu'on ne mette pas toujours & nécessairement au rang de ses amis, ceux à qui l'on doit de la reconnoissance, ils sont en droit de prétendre, & d'attendre de nous, même dans la grande rigueur, tous les effets de l'amitié. Mais réellement il eſt poſſible de ne pas ſentir le goût de l'amitié pour ceux à qui l'on ſent cependant que l'on doit de la reconnoiſſance, ou que l'on croit devoir eſtimer. On n'en eſt pas moins obligé de les traiter par les effets comme amis, & peut-être même de leur donner quelques préferences, parce qu'on peut-être ſéduit par ſon goût perſonnel, & qu'il ne faut pas eſtimer bon, tout ce qui en peut être l'effet.

LII. Ce goût naît de bien des façons, & par bien des canaux différents. On ſe prévient favorablement pour une phiſionomie ouverte, qui paroît ingénuë, & qui met en confiance ; une converſation douce, égale, & enjouée ſeduit aiſément. Des talens propres à l'agrément ou àl amuſement de la ſocieté nous font deſirer la compagnie fréquente de ceux qui nous paroiſſent avoir cet avantage. Parce qu'un homme nous plaît, nous croyons qu'il en a eu le dessein; nous nous estimons obligez à travailler dans la même vûë, & dans le même esprit. Nous y prenons de la peine. Comme nous nous trouvons bien avec lui, nous nous occupons du soin de le voir souvent; nous voulons lui inspirer le même empressement d'être avec nous, que nous sentons d'être avec lui. Nous desirons qu'il nous aime; nous lui marquons de l'attention dans les circonstances interessantes; nous le prévenons sur les choses qu'il peut souhaiter; nous profitons des occasions de lui rendre service; nous allons au-devant de ses avantages, & de ses convenances. Et comme nous sommes portez à aimer ceux à qui nous avons fait du bien, pour peu que nous croyons voir qu'on soit sensible à ce que nous faisons, nous resserrons nos liens; & notre attachement s'accroit, au point de devenir souvent indissoluble. Ce goût forme ordinairement une chaîne si forte, sans avoir pour cela les caractéres de la durée, que quand par un hazard malheureux il se trouve mal placé, nous avons toutes les peines du monde à nous arracher à nous-mêmes, pour nous mettre au point de faire une exacte justice aux qualités essentielles.

LIII. Ce goût est pourtant d'autant plus trompeur, qu'il prend quelquefois naissance dans notre amour-propre. Une conformité de caractere, d'humeur, & d'inclination, suffit souvent pour nous attacher, en sorte que nous aimons même un défaut, par l'analogie qu'il a avec quelqu'un des nôtres, & que nous haïrions beaucoup autrement. C'est cette disposition si naturelle à l'homme dont sçavent profiter les gens insidieux, pour saisir notre goût, & pour surprendre notre cœur. Et comme malheureusement nous ne ſommes pas aſſez en garde contre nous-mêmes, rien n'eſt ſi ſujet à l'inſtabilité, que cette eſpece d'amitié fondée ſur un goût, ordinairement ſans examen, par conſequent ſans diſcernement, & dont quelquefois on reconnoît trop tard l'abus. Je n'eſtime donc point que ce genre d'amitié ait les véritables caracteres de la ſolidité, puiſqu'il eſt indubitable que quelqu'un qui parviendroit à reconnoître, & à réformer en lui-même les défauts par la reſſemblance deſquels ſon goût auroit été ſurpris en faveur d'un autre, ſe détacheroit abſolument d'un ſemblable ami, à ſuppoſer que dans le cours des liaiſons que ce goût auroit formées, il ne ſe fût rien joint qui fût propre à les ſoutenir indépendamment de l'attrait du goût même. Rien ne prouve mieux combien de pareils attachemens ſont, ou peuvent être peu durables, que la circonſtance qu'ils ne ſont fondés que ſur une eſpece de preſtige qui ſe diſſipe quelquefois bien aiſément ; tel qu'un homme qui, par quelque accident que ce ſoit, aura perdu pendant longtems l'uſage de la vûë, & qui le recouvre, que tout ſurprend, & étonne, & qui ne s'imagine pas lui-même comment il a pû ſe paſſer d'un organe, dont il ſent tout l'agrément. Celui qui ouvre les yeux ſur les préjugés qu'il a ſuivis, & qu'il a même cheris, ne pardonne ſon aveuglement ni à lui, ni à celui dont l'artifice avoit attaché le bandeau ſur ſes yeux. De là vient que le même moment qui réſout de pareilles amitiés, les convertit preſque toujours en antipathies, & en haines d'autant plus vives, que le goût a été plus décidé, & que rarement on voit reſter dans le ſimple état d'indifference des gens qui n'ont été liés que par un goût éteint : cela eſt vrai ſur-tout entre des personnes de sexe different; le simple tableau général de ce qui se passe à cet égard dans le monde, suffit pour démontrer cette vérité.

LIV. Comme le goût lie quelquefois les hommes entr'eux, sans qu'ils puissent, pour ainsi dire, s'en rendre raison : il y a aussi des liaisons que la seule habitude forme, même entre des personnes qui ont pensé d'abord ne se pas pouvoir convenir. Le genre d'amitié qui naît de là, peut être regardé comme plus solide : on se voit d'abord par hazard, ou par convenance d'état; on ne fait que se souffrir réciproquement; on ne sent aucun attrait l'un vers l'autre; & cependant à force de se frequenter, on s'acoutume à être ensemble, on se découvre des qualités essentielles; l'estime naît, & produit l'amitié, non pas nécessairement, mais ordinairement. En effet, il y a des gens dont le premier coup d'œil déplait, & prévient contr'eux ; quelque défaut dans la conformation des organes, quelque ſingularité dans la façon de penſer, comme cela arrive quelquefois aux gens les plus ſenſés, rendent plus lent le progrès à attendre de l'habitude ; mais quand une fois elle a triomphé les liens qu'elle forme, n'en ſont que plus durables, principalement ſi quelques raiſons d'interêt, ou de reconnoiſſance viennent au ſecours. L'interêt ſur-tout, ainſi qu'on le peut juger par ce qui a été dit, a un grand poids ſur les hommes ; parce que dès qu'ils trouvent de l'avantage à livrer leur cœur, ils le font preſque indubitablement, & cette vûë dans leur eſprit tient lieu de goût, & de tout autre attrait.

LV. Ne cherchons point ailleurs la raiſon de la ſolidité, ou plutôt de la durée de certaines amitiés. En effet, la plus grande aſſurance de conſerver des amis, eſt d'être en état de leur être toujours utiles. L'amitié alors eſt donc durable, du moins autant que l'interêt ſubſiſte, & c'eſt pour elle une époque ſûre; mais la preuve qu'elle n'eſt pas ſolide par elle-même, c'eſt qu'elle a beſoin d'un ſecours; & ce beſoin naît de la miſere, & du peu de valeur des hommes. Ce ſentiment ainſi étayé ne fait donc point leur éloge; car quel merite y a-t'il à aimer quelqu'un, ſeulement parce qu'il nous peut ſervir? N'eſt-ce pas tromper celui qui peut-être devine; mais à qui l'on ne dit point pourquoi l'on figure de l'ami avec lui. Le ſentiment, quel qu'il ſoit, n'eſt & ne peut être d'aucun prix aux yeux de celui à qui vous l'accordez, qu'autant qu'il en eſt le ſeul objet, ou le ſeul mobile. Le principe en eſt-il partagé, il perd de ſa valeur dans la proportion du partage, parce qu'on n'y peut pas compter ſolidement; auſſi l'experience nous apprend-elle que l'eſpece des amis qui ne s'attachent réciproquement que par interêt, eſt un vrai tableau mouvant. On ſacrifie tout à l'autel le plus élevé, on porte à celui qui l'eſt moins une moindre offrande, & le temple devient bien-tôt déſert, quand on n'a plus de raiſons de le fréquenter. De là viennent tant de refroidiſſemens, dont on recherche inutilement les cauſes, lorſqu'on ſort du cercle de l'interêt. Celui que l'on abandonne, ou que l'on commence à négliger, a-t'il quelque tort ? Non, celui qui le quitte, ne lui en impute aucun, dans le fond de ſon cœur ; ou s'il paroît lui en attribuer quelqu'un, c'eſt pour ſe juſtifier lui-même ; mais examinez ſi la ſituation de cet homme négligé n'a pas changé, & vous trouverez pourquoi ſon temple eſt abandonné.

LVI. Si l'amitié qui naît de l'eſprit d'interêt, eſt la plus ordinaire, parce

parce qu'elle est la plus homogene à l'humanité telle qu'on l'a peinte; celle qui se soutient, fondée sur la simple reconnoissance, est vraiment celle des honnêtes gens. Elle est pour eux le prix des bienfaits reçûs; mais elle ne l'est pas pour tous les hommes, parce que tous n'ont pas de la probité : rien n'est plus ordinaire que de voir manquer à ce sentiment si respectable pour les honnêtes gens. La reconnoissance est donc le titre le plus solide que l'amitié puisse avoir : les effets en sont même bien étendus, ils ne se bornent pas à la vie de l'homme : celui qui est capable de ce sentiment, fera ressentir les mouvemens de sa reconnoissance, même à la famille, & aux amis de celui qui l'aura servi; & de même le sentiment de reconnoissance passe jusques dans les parens & les amis de celui qui aura reçu un bienfait. C'est un des points sur lesquels, par exemple, on peut dire que les enfans entrent le plus dans les obligations de leurs peres, & les amis dans celles de leurs amis. Quelqu'un a-t'il rendu avec la pureté du desintereſſement un grand ſervice à mon ami particulier ? les mêmes traits gravez dans le cœur de cet ami ne doivent pas l'être moins profondément dans le mien. On eſt, pour ainſi dire, dans la ſocieté des honnêtes gens, ſolidaire ici l'un pour l'autre. Si tous les hommes ne ſont pas ſuſceptibles de reconnoiſſance, c'eſt que la plûpart ſont contradictoires avec eux-mêmes; s'ils étoient conſéquens, ils manqueroient moins à ce devoir, qui devroit être d'autant plus puiſſant ſur les hommes, qu'agiſſant, pour ainſi dire, preſque toujours par eſprit d'interêt, ils ſembleroient devoir ſentir de préference, ce qui ſe fait en faveur de ce qu'ils deſirent: on eſt cependant moins étonné, quand on ſonge que les hommes étant toujours plus occupez de ce qu'ils ont en vûë, que de ce qu'ils ont obtenu, ſentent moins vivement le bienfait reçu, que l'eſperance d'un ſervice qu'ils attendent. Mais ſi cela arrive ainſi machinalement, & ſi par cette raiſon cela eſt pardonnable juſqu'à un certain point, il ne l'eſt aſſurément pas de tomber dans l'ingratitude, & de manquer formellement à quelqu'un à qui on doit de la reconnoiſſance.

LVII. Sur quel lien, en effet, les hommes pourroient-ils compter entr'eux, s'ils ne peuvent pas faire fond ſur celui que forme la reconnoiſſance? L'amitié qui naît du goût eſt peu ſolide : celle que produit l'habitude ne l'eſt qu'un peu plus ; celle qui n'a pour fondement que l'interêt n'a ſouvent qu'une durée limitée. Si la reſſource qu'on peut attendre de la reconnoiſſance vient à manquer, que reſtera-t-il pour les hommes entr'eux ? La choſe du monde la plus rare est le sentiment d'amitié tendre, & d'interêt vif que l'on doit à la vertu, & à la probité, indépendamment de toute autre considération. Mais si tout le monde n'est pas susceptible de reconnoissance, si de ceux qui pourroient n'y pas manquer, il y en a réellement beaucoup qui ne font que sacrifier au respect humain : peut-on esperer que ce genre d'amitié épurée que l'on vient d'annoncer, & de définir, ait un grand nombre de sectateurs fidéles, & qui se dépoüillent assez des foiblesses de l'humanité, pour ne point varier sur ce sentiment respectable & solide, quand il n'a en vûë que cet objet?

LVIII. Il suppose un examen refléchi de la valeur de celui à qui l'on va donner son cœur ; ensuite il est une preuve que celui qui donne son amitié à pareil titre, est rempli des principes de vertu, & de candeur qu'il va aimer. Car ordinairement l'amour-propre empêche un miserable d'aimer l'homme vertueux, il ne fait que le craindre, & souvent même il l'évite, quand quelque interêt personnel ne l'oblige pas à paroître rendre à la vertu un hommage, qui n'est alors d'aucun prix. C'est cette combinaison, ou cette uniformité, qui contribuë à l'affermir, en même-tems qu'elle cimente l'amitié. Deux hommes, dans le cas que l'on vient de dire, n'en sentent que mieux le prix de la vertu qui les lie l'un par l'autre, parce qu'ils retrouvent en elle la douceur, & la sureté d'une societé toujours délicieuse pour les hommes, lorsque fondée sur de pareils principes, elle est à l'abri de tous nuages au moins permanents ; ils deviennent, pour ainsi dire, émules sans rivalité, sans envie, & sans jalousie. C'est alors que les jours coulent filez d'or & de soye, & que l'on éprouve le bonheur inexprimable de partager ſes plaiſirs avec quelqu'un que l'on eſt ſûr qui y eſt ſenſible, & de dépoſer ſes peines dans le ſein d'un ami capable de ſoutenir le courage, de procurer de la conſolation, & de donner des conſeils ſûrs. C'eſt ce genre d'amitié qui n'eſt dépendant d'aucun des évenemens de la vie, qui y eſt même toujours ſuperieur, ſur lequel les autres hommes n'ont aucun droit, & qui ſe ſoutenant par lui-même, ne laiſſe à celui qui finit le premier ſa carriere, que le regret d'être ſéparé de ce qui a fait ſon bonheur conſtant, & inalterable. Quelque méchans, & quelqu'imparfaits que les hommes en général, puiſſent être; il y a cependant dans la ſocieté pluſieurs exemples de cette amitié parfaite dans ſes principes, comme dans ſes effets: il la faut chercher ſur-toutparmi ceux qui ayant vécu dans le monde, en ont reconnu le néant, & en qui les paſſions éteintes ont laiſſé place aux réflexions ſenſées.

LIX. Ce n'eſt pas qu'avant cette époque, on ne puiſſe être capable d'une amitié ſincere, & qu'il ne puiſſe y avoir des gens aſſez vertueux, pour ne donner leur cœur qu'à la vertu, même dans un âge & dans des ſituations, où le joug des paſſions & la tyrannie des deſirs ſemblent être nos ſeuls guides. Mais ces eſpeces de phénoménes ſont rares ; & les hommes qui du fond de leurs retraites contemplent de loin les orages, & connoiſſent la foibleſſe du commun des hommes, ſont bien en droit de douter de la perſeverance, & de craindre le naufrage pour ceux qui naviguent ſur cette mer orageuſe : au lieu qu'il ſe trouve une ſureté morale de perſéverance, dans les ſentimens de ceux qui libres de tout déſir, & exempts de toute ambition, autant que l'homme le peut être, ne s'occupent qu'à refléchir ſur eux-mêmes, & à ſe procurer une vie douce ; parce que cet état délicieux ne peut exiſter; ſans que l'on ſe procure des amis ſolides & deſintereſſez, qu'on ne peut acquerir qu'autant que l'on s'offre à eux avec les mêmes caracteres, & les mêmes principes d'amitié que pour ſon bonheur on déſire d'eux. Ce n'eſt même qu'alors qu'on peut dire véritablement que l'on vit; car vivre n'eſt pas ſimplement exiſter, comme la plûpart des hommes qui vivent pour eux ſeuls, & qui, comme on l'a dit en plus d'un endroit, oublient qu'ils ayent des pareils. Si nous ſommes, comme il eſt vrai, nés pour la societé, nous ne jouiſſons effectivement de la vie, que lorſque revenus aux vrais principes de l'eſprit de ſocieté, nous faiſons notre bonheur de cette liaiſon réelle avec nos pareils, qui ſubſiſte par le concours mutuel de tout ce qui peut faire la félicité des hommes, en tant qu'ils ſont nez pour vivre enſemble.

LX. La preuve la plus grande que les hommes connoissent bien imparfaitement les veritables titres, & les effets de l'amitié dans toute leur étenduë ; c'est leur facilité à dire qu'ils sont amis d'un tel, ou qu'un tel est leur ami. Cela s'annonce presqu'aussi aisément que l'on dit qu'un tel homme est de notre connoissance ; & effectivement ce terme se hazarde presqu'après un moment de connoissance, avant que d'avoir étudié le cœur d'autrui, ou d'avoir consulté le sien ; avant que d'avoir examiné si de part ou d'autre on se convient, & sans sçavoir si l'occasion arrivant, on voudroit se traiter comme ami. Or combien l'amitié, pour être bien constatée, n'éxige t-elle pas d'épreuves ? Un homme qui n'a pas eu un besoin essentiel de quelqu'un, & qui par conséquent n'a pas été dans le cas d'éprouver son cœur, est-il en état de compter sur lui ? Une apparence de convenance, un exterieur de correſpondance, qui ſouvent n'eſt dû qu'à une politeſſe naturelle, ou à une ſimple douceur de temperament ſuffiſent-ils pour faire préſumer l'ami, où il n'y a ſouvent que l'homme de ſocieté & de compagnie, ſans aucun ſentiment intereſſant & ſolide ?

LXI. Or combien n'y a-t-il pas d'exemples d'amitiés anciennes, & que l'on croyoit bien établies, qui ſe ſont démenties au moment du beſoin ? Combien de gens qui n'ont trouvé qu'un ennemi, ou un homme indifférent, où ils étoient en droit de trouver un ami ſûr, & conſolant. La vie ſuffit à peine pour faire un ami ſur lequel on puiſſe compter ; & quand on a eu ce bonheur, on peut regarder le tems que l'on a vêcu comme heureuſement employé. Il faut bien des choſes pour mériter ce qu'on peut appeller un veritable ami. Tout le monde n'eſt pas maître d'être plus ou moins démonſtratif. Il y a des gens extrêmement vifs, & empreſſez à l'extérieur, ſur leſquels cependant on ne peut compter que foiblement. D'autres au contraire qui ſemblent peu ſenſibles, & extrêmement froids dans la ſocieté, mais que l'on retrouve dans toutes les occaſions eſſentielles. Les uns ſont fort à craindre, parce que nous ne pouvons former nos premiers jugemens que ſur l'extérieur; & nous nous trompons aiſément. Les autres ſont peu ſatisfaiſants dans le cours de la ſocieté ; mais il y a de la reſſource avec eux, parce que l'or pur ſe trouve toujours au fond du creuſet.

LXII. De quelque principe que parte l'amitié, du goût, ou de l'habitude, de l'interêt ou de la reconnoiſſance, elle impoſe toujours des devoirs. Ils ſont ſeulement plus ou moins étendus, ſelon la différente nature des principes. On a, par exemple, moins de choſes à faire pour une amitié de goût, ou d'habitude que pour celle qu'éxige la reconnoiſſance. A l'égard de l'amitié fondée ſur l'interêt perſonnel, il n'eſt pas beſoin de rien preſcrire aux hommes ; on peut avec aſſûrance s'en rapporter à eux ; guidez par ce motif, ils ne manqueront à rien. Vous les verrez vifs, empreſſez, effectifs, preſſants, conſolants dès qu'ils auront quelque choſe à gagner. Enfin vous les pourrez croire vertueux, parce qu'ils auront tout l'extérieur de la vertu. Il eſt naturel auſſi de faire beaucoup pour un de nos pareils, quand le goût nous y conduit ; mais ce goût cédera toujours à certaines paſſions prédominantes. Un Avare fera tout hors ce qui attaquera ſon vice favori. Un Ambitieux ne ſacrifiera point ſon ambition à une amitié de goût, parce qu'on ſent bien plus vivement un mouvement renfermé en ſoi, & qui n'a pour objet que ſoi, qu'un mouvement qui s'éxerce au-dehors. Ces passions, ou d'autres n'auront pas la même préférence dans un homme qui sera bien vivement convaincu de ce qu'on doit à la reconnoissance, & qui sera bien persuadé que tout doit ceder à un devoir que dictent les principes de la probité. Elles n'en auront pas davantage en celui qui aimera dans un autre, moins sa personne, que ses vertus, parce que, dès qu'on suppose dans quelqu'un le triomphe de la vertu assez grand, pour décider une pareille amitié, on doit juger que les passions n'ont pas assez d'empire pour l'emporter sur un sentiment, & sur des principes aussi purs, & aussi élevez au-dessus de la foiblesse humaine.

LXIII. Or, ce n'est point aimer véritablement, que de mettre quelque différence entre soi, & ceux de ses pareils qu'on dit aimer. Il faut que les interêts de l'un & de l'autre soient dans notre cœur en un tel degré de mêlange, & d'égalité, qu'ils ne puissent, pour ainsi dire, pas être distinguez, & que si une fois on croit pouvoir se donner à soi-même une sorte de préference, non-seulement ce ne soit jamais avec un préjudice marqué de celui que l'on aime, mais que même l'ami ne tarde pas de retrouver ses droits, & que jamais il ne puisse supposer son nom effacé, où il doit chaque jour être gravé plus profondément. Tel est le conseil de l'amitié pure, qui ne s'accorde qu'à la vertu. Convenons même qu'il doit être bien flatteur de pouvoir se dire à soi-même que chaque chose que l'on fait pour un ami, auquel on s'est attaché par les charmes de la vertu, est un hommage que l'on rend à la vertu même. Et comme cet hommage ne peut jamais être trop grand, ni trop absolu, il en faut conclure que l'on n'en peut jamais trop faire pour un ami de cette espece, en proportionnant cependant toujours les effets de l'amitié au besoin, & à la nature des situations. Car si le choix des amis demande du discernement, il n'en faut pas moins dans la maniere de marquer son amitié. Cependant, comme si le cœur humain ne pouvoit être susceptible que d'un seul sentiment, ou d'une seule impression : on voit tous les jours des gens qui sans choix, & sans réflexion donnent tout, & en tout genre d'un seul côté. Or quoi que ce soit que nous devions à l'ami le plus parfait, il ne faut pas que celui qui peut être dans un degré moins privilegié, ou les autres membres de la societé, perdent rien de ce à quoi ils peuvent légitimement prétendre, ni qu'ils puissent se garder comme oubliez. Cette remarque est principalement importante pour ceux qui sont dans des places publiques, & qui se devant à tout le monde, à la verité en différents degrés de proportion, doivent partager leurs bienfaits, & ne point donner tout au goût, ni même à l'amitié solide, au préjudice de ce qui peut être dû au mérite, ou aux services. L'amitié ne doit point être aveugle ; elle le seroit toutes les fois qu'elle opéreroit l'injustice, ou qu'elle y conduiroit ; mais revenons à l'état de simple particulier.

LXIV. Les gens les plus vertueux ont leurs défauts souvent comme les autres hommes, parce qu'autre chose est le vice ou le défaut. Un homme rempli de principes de candeur, & de probité pourra être ou jaloux, ou ambitieux, ou avare, ou dissipé, ou indolent, ou homme d'humeur, sans que pour cela il soit capable de se porter à aucune action contraire à la probité. L'amitié personnelle ne doit point s'étendre jusques sur les défauts, ni nous les déguiser. Il faut même que nous les connoissions, pour pouvoir d'autant mieux être des amis utiles à ceux que nous aimons.

L'amitié

L'amitié solide est incompatible avec la tromperie. Or c'est tromper quelqu'un que de loüer ses défauts, ou de les lui laisser ignorer à lui-même. Ce doit donc être l'objet de nos premiers devoirs envers nos amis. Notre amour-propre doit même nous y conduire; nous devons être flattez que ce que nous aimons approche le plus qu'il se peut de la perfection; & y contribuer autant que nous pouvons doit être un ouvrage selon notre cœur. Si un bon conseil peut avoir quelque poids, c'est quand il part de quelqu'un que l'on connoît ami sûr, & désinteressé. Lorsqu'on sent le prix de l'amitié, on croit naturellement ne pouvoir trop faire pour s'en rendre digne par ses qualités personnelles; & je crois qu'il y a beaucoup de gens qui, sans même que nous nous en appercevions, deviennent bons par la fréquentation avec quelqu'un encore meilleur à qui ils veulent plaire. Quiconque travaille avec amour à corriger ſon ami, travaille pour lui-même, & pour le bonheur de ſa vie. Il eſt une infinité de petits défauts d'eſprit qui rendent la societé deſagréable ou difficile à ſoutenir, que l'on paſſe à la vérité à ſon ami, quand les bonnes qualités eſſentielles emportent la balance; mais qui gênent, & qui obligent à mille attentions, à mille ménagemens qui fatiguent, qui éxigent une eſpece d'étude, & qui font que l'on n'eſt pas à ſon aiſe. Il y a même des exemples ſans nombre qu'à la longue cette contrainte fait naître une ſorte de dégoût & d'ennui : qui ſans détruire les principes de l'eſtime, occaſionnent l'éloignement. Il en eſt de cela comme d'une terre que l'on commence à négliger, & qu'on ceſſe enfin de cultiver ; elle devient de plus en plus ſterile ; & pour la remettre en valeur il faut plus de peine & de travail.

LXV. C'eſt-là que trouve ſon application juste ce Proverbe. *Dis-moi qui tu hantes, & je te dirai qui tu es.* Ce n'est pas qu'un homme, en paroissant ce qu'il n'est point, ne puisse séduire un autre homme ; mais un homme qui aura des défauts de cœur essentiels, s'il a séduit un moment un homme vertueux, à la longue il ne restera pas son ami. Et de même un homme de probité augmentera peu à peu les traits de ressemblance avec lui-même, de celui avec qui il se trouvera lié d'une amitié sincére. On n'entend point ici parler des qualités de l'esprit. Car un homme de beaucoup d'esprit peut être fort ami d'un homme qui en aura beaucoup moins, & il ne sera pas vrai absolument que la fréquentation en donne à celui qui n'en avoit, pour ainsi dire, point. Beaucoup de gens contesteront cette proposition ; mais leur opposition ne pourra être fondée qu'autant que quelquefois il est vrai que beaucoup d'esprit, ou une imagination vive, eſt accompagné de défauts d'amour-propre, & de préſomption qui inſpirent mal-à-propos du mépris pour ceux qui ne ſont pas au même taux. Car, ſi on ſuppoſe un homme d'eſprit, ſenſé, & vertueux, il ſera capable de s'attacher ſincerement à quelqu'un, qui lui ſera beaucoup inférieur en ce genre. De ce qu'un homme ſera lié avec un homme de beaucoup d'eſprit, on ne pourra donc pas conclurre qu'il en ait beaucoup auſſi, ou qu'il puiſſe parvenir à l'égaler. Il pourra arriver ſeulement que quelqu'un ayant déja de l'aptitude, & des diſpoſitions, ſe formera par la fréquentation de gens d'eſprit ou de talents. Mais de ce qu'un homme ſera anciennement ami d'un homme vertueux, on devra juger néceſſairement qu'il eſt vertueux auſſi : un cœur corrompu ne ſimpathiſe pas long-tems avec un cœur pur ; Et de même l'honnête homme qui ne ſçait donner ſon cœur qu'à la vertu, écartera celui qu'il verra marcher dans des ſentiers différents, parce que cette connoiſſance inſpire du mépris, & que l'amitié ne peut pas naître d'une pareille ſource, de même qu'elle n'eſt pas une ſuite néceſſaire de l'eſtime.

LXVI. Le plus grand avantage de l'amitié fondée ſur les attraits de la vertu, après celui que l'on vient d'expliquer, c'eſt d'y trouver de la conſolation dans les adverſités, & un frein à la diſpoſition trop naturelle d'abuſer dela proſperité. L'homme tout ſeul eſt en effet ſouvent trop foible vis-à-vis certains malheurs. Les peines de cœur, & d'eſprit ne ſe diſſipent point d'elles-mêmes ; la ſolitude les nourrit ; leurs traits ne font que s'y graver plus profondément. Eſt-on ſaiſi d'un objet affligeant, toutes les penſées, tous les mouvemens intérieurs ſe rapportent là. C'eſt un braſier qui ne peut s'éteindre, parce que ſans ceſſe on l'en-

contretient. Alors il nous faut des confidents ; l'amitié bien placée nous les indique, & ne nous trompe jamais. Les peines semblent s'adoucir, & se partager, à mesure qu'on les dépose dans le sein d'un ami, en qui l'on a confiance. Cet ami ne nous dit rien qui ne tende à notre consolation. Il essuye nos larmes, en nous rappellant celles qu'en des cas pareils il a versées lui-même. S'il est quelques remedes aux maux qui nous troublent ; plus de sens froid que nous, il nous les suggere ; il nous distrait, & nous occupe par le soin qu'il se donne à nous déterminer, & à nous prouver qu'il nous conseille bien. Nous oublions notre douleur pour essayer le succès de ce conseil. Et à supposer qu'il ne réussisse pas, nous retrouvons dans cet ami auquel notre cœur nous raméne, pour ainsi dire, machinalement, d'autres secours, parce que la vertu est abondante, & féconde en ressources pour l'encouragement de l'homme vertueux. Eh combien eſt-il d'hommes qui dans les tribulations n'ont dû leur conſervation & leur repos intérieur qu'à un ami ſolide !

LXVII. Il n'eſt guere moins utile dans ces moments, où l'homme le plus ſenſé ſéduit, pour ainſi dire, malgré lui-même par les coups d'une fortune ineſperée, peut ſi aiſément ſe livrer à une dangereuſe yvreſſe. Car dans la vûë du bonheur ſolide je ne compte pour rien, ou je compte pour bien peu de choſe, ces mouvemens de joie ſatisfaiſants pour l'amour-propre, que nous éprouvons quand nous voyons nos plaiſirs partagez, pour ainſi dire, par l'ami ſur lequel nous croyons pouvoir compter. Mais comme le malheur nous décourage, & nous abbat, le bien nous aveugle, & nous éblouit. Il eſt heureux de trouver quelqu'un ſûr, & ſenſé qui nous retienne;qui nous peigne le néant, &l'inſtabilité de ce qui produduit les tranſports de notre joie; qui nous avertiſſe de donner à la prévoyance, & à la prudence, des moments que l'yvreſſe nous enléve; qui arrête les projets, ou les vûës chimeriques qu'un eſprit content, & tranſporté forme trop aiſément; qui nous rappelle l'accroiſſement d'obligations que nous contractons envers nos pareils, à meſure que nous acquerons de l'élévation, ou de la fortune; qui nous ſollicite enfin, pour ainſi dire, en faveur de la modération, & de la modeſtie, dont la proſpérité efface promptement les caractéres reſpectables. L'expérience, & la lecture ne nous préſentent que trop d'exemples de fortunes qui euſſent été plus ſolides, ſi l'yvreſſe des grandeurs avoit été ſuſceptible de conſeils ſenſés, ou ſi elle avoit pû permettre de diſtinguer le faux ami d'avec le véritable. Qu'ils ſont dangereux ces hommes, qui ne ſemblent occupez qu'à achever de bouleverser une tête déja ébranlée par la séduction du cœur.

LXVIII. Mais, à quoi reconnoître le vrai ami, dans un moment où, pour ainsi dire, tout ce qui nous environne s'empresse à flatter notre amour-propre, & à irriter notre yvresse ? Rien de plus facile, quoiqu'en puissent dire ceux qui ont trop mauvaise opinion de l'humanité. Souvenez-vous de celui qui dans vos adversités, si vous en avez essuyé, ne vous a point abandonné, ou qui dans les momens, où vous lui avez été inutile, ne vous a point négligé. C'est cet homme-là que vous ne trouverez point confondu dans la foule insensée des adorateurs qui courent à l'idole nouvellemenr élevé, ou qui n'y paroîtra, que pour vous les rendre suspects, & faire auprès de vous l'office de celui qui du tems de Rome sensée accompagnoit dans le même char le Heros triomphant. C'est ce même homme-là que vous devez regarder comme l'ami vrai, & vertueux, meilleur à consulter, quoique médiocrement éclairé, que l'homme dont les lumieres plus étenduës sont conduites par des intentions équivoques, ou par des principes moins purs, parce qu'il ne vous laissera jamais oublier que ces grandeurs, ou ces fortunes accidentelles vous laissent toujours homme, & ne vous rendent pas meilleur que vos pareils ; & que sans cesse il vous repétera que tout ce qui n'est pas fondé sur la vertu, & soutenu par elle, n'a que la fragilité du verre. C'est le plus grand prix dont puisse être payée de la part d'un particulier l'amitié de celui que les hazards, ou la faveur tirent de la classe ordinaire, pour les élever au-dessus des autres.

LXIX. Les hommes sages inspirent aisément de la sagesse à ceux qui ont de la confiance en eux. On dit volontiers son secret à son ami ; on s'en pourroit dispenser, sans blesser l'amitié, quand un ami manque par les lumieres, ou par une indiscrétion involontaire. Mais on suppose ici qu'en suivant le penchant naturel que l'on a à s'ouvrir avec son ami on ne puisse pas se reprocher une confiance mal placée : alors, il n'est pas douteux que l'on trouve de grandes ressources dans un ami sensé. Si l'on forme des projets ridicules, l'ami en découvre & en dévelope le chimerique. Si dans la poursuite d'un dessein raisonnable, nous nous proposons quelque méthode, ou défectueuse, ou peut-être repréhensible en quelque point, notre confident nous indique des routes plus sûres ou plus raisonnables. Sur l'arrangement de nos propres affaires, il est souvent plus éclairé que nous-mêmes. Si nous avons des partis à prendre par rapport à notre famille, il nous dirige plus sûrement, que nous ne nous dirigerions nous-mêmes, parce que quelquefois nous sommes aveugles ſur cette connoiſſance exacte de nos propres enfans, ſi néceſſaire pour ne ſe point tromper dans les vûës qui peuvent intereſſer leur établiſſement, ou leur vocation.

LXX. Cet ami ſûr eſt-il un homme riche ou puiſſant ? Nous ſommes ſelon le beſoin l'un ou l'autre, parce que l'amitié de cette eſpece rend les biens, & les ſituations pour ainſi dire abſolument communes. Quel avantage n'y trouvons-nous pas du côté de la réputation ? On aime naturellement pour ſoi-même à bien parler de ſon ami, parce qu'on croit s'honorer par les témoignages que l'on accorde à ce qu'on aime. Or l'homme vertueux qui loüe ſon ami, fixe peu-à-peu l'opinion du public, & lui donne indubitablement le ton. On en voit la preuve ; ce même témoignage qui s'adopte ne tarde pas à circuler, & il ſe répéte par des gens qui n'ont ſouvent aucune relation avec l'ami loüé. Un tel ami eſt par conséquent un rempart contre la méchanceté des hommes, & contre la calomnie. Il est capable tout seul d'arrêter ses coups. Les suffrages que la vertu accorde sont d'ordinaire accompagnez de fermeté, parce que la vertu sçait attaquer l'injustice de front ; & quelque méchants que les hommes puissent être, il est bien rare qu'ils ne respectent pas un témoignage, dont le mépris tôt ou tard pourroit les conduire eux-mêmes à leur ruine. Telles sont les ressources que l'on ne trouve point, ou du moins qu'on ne trouve que bien imparfaitement dans toute autre amitié, que celle qui est uniquement fondée sur la vertu.

LXXI. La découverte d'un ami de cette espece est donc la plus grande que l'homme puisse faire, & en même-tems c'est la plus rare, parce que réellement il est peu d'hommes parfaitement vertueux. Mais plus une pareille découverte est d'un grand prix, plus on doit faire pour la mériter. Attentions, prévenances, empressement, complaisances, services réels, sont les seuls titres par lesquels on puisse mériter un ami vertueux. Car de ce qu'un homme me croira vertueux aussi, il n'est en aucune obligation de rechereher mon amitié. Il peut s'en tenir à la simple estime, & à une connoissance générale, comme avec tous les autres individus de la societé. La moindre chose est qu'on s'offre l'un à l'autre avec un égal empressement; sans quoi celui qui sur le fondement de la justice qu'il se devroit à lui-même, se tiendroit totalement à l'écart, attendant qu'on le devinât pour le desirer, & le chercher, tomberoit dans un abus qu'on nommeroit justement une sotte & ridicule misantropie. C'est un masque dont beaucoup de gens se servent pour afficher une apparence de vertu sevére, & d'austérité respectable. Or, comme il eſt blamable ou du moins ſuſpect d'aller au-devant de tout le monde, ou de ſe donner pour l'ami du genre humain : il eſt ridicule d'affecter un mépris général pour l'humanité, & de s'en ſéqueſtrer ſur le fondement qu'elle eſt trop défectueuſe ; ce n'eſt ordinairement là qu'un conſeil de l'amour-propre. Il en eſt de cela comme d'une infinité de gens qui ſe font une habitude de ne preſque point parler, ou de n'ouvrir la bouche que pour proférer quelques paroles ſententieuſes. Ces ſortes de gens paſſent aux yeux des ſots pour des gens de mérite, des gens profonds, qui, ſi les préceptes de la ſageſſe étoient évanoüis, ſeroient capables de les dicter, & de les rendre aux humains ; mais ſuivez-les de près, vous ne trouverez ſouvent que des ſépulcres blanchis, des gens qui ne font qu'emprunter un art futile pour faſciner les yeux des ſimples. Communément auſſi ces hommes qui ſe donnent pour contempteurs de leurs pareils, & qui par mépris s'excluent de leur ſocieté, examinez de près, ne ſe cachent, que parce qu'ils ne gagneroient pas à être connus ; & vous trouverez qu'ils ſont ſouvent plus mépriſables, que ceux de qui ils ſe font honneur d'avoir mauvaiſe opinion.

LXXII. L'homme, en général, le plus eſtimable a toujours quelque point dans lequel il péche, & qui fait qu'à certains égards il ne vaut guere plus qu'un autre. Nous ne differons en ce genre que du plus au moins. Les uns ſont vêtus de brun, les autres de gris, mais tous portent des habits faits de même. Chaque homme a quelque choſe de bon ; tous ont beaucoup de mauvais. Le plus reſpectable eſt celui qui approche le plus du bon ; mais le meilleur auroit tort de prétendre à la fortune de n'avoir rien de mauvais, ou de ſe glorifier d'avoir peut-
être

être sur un autre quelque petit avantage. Car ce n'est pas un sujet de vanité pour nous qu'il y ait beaucoup plus de gens plus mauvais, qu'il n'y en a qui sont meilleurs que nous. Cela est beaucoup moins honorable pour nous qu'il ne nous est honteux d'être aussi inférieurs à ceux que nous pouvons, ou devons sentir qui valent mieux que nous. Il y a beaucoup plus de gens qui se gâtent ensemble, qu'il n'y en a qui se perfectionnent, parce qu'il y en a beaucoup plus qui n'ont qu'eux-mêmes pour objet, qu'il n'y en a qui sçachent vivre pour leurs pareils, & avec amour pour eux. Notre soin principal doit donc être de passer à nos semblables beaucoup de défauts; de compatir avec eux sur leurs foiblesses; de profiter de leurs exemples, pour nous réformer nous-mêmes; & de regarder comme un grand bonheur quand nous avons pû faire quelques progrès dans cette réformation particuliere.

LXXIII. A la classe des amis, à quelque titre que ce soit qu'on les posséde, succéde celle des hommes à qui nous ne sommes attachez par d'autres liens que ceux de la societé générale. On se tromperoit, si l'on croyoit n'avoir aucun genre d'obligation à remplir envers eux. Entre ceux qui sont dans cette classe, il y a un commerce reciproque & continuel de devoirs, & de services. Vivre en paix ensemble ; ne se point troubler, ne point chercher à se nuire ; se communiquer reciproquement les choses de commodité, dont on peut disposer ; se secourir, & s'aider mutuellement ; s'avertir dans les occasions, des choses qui peuvent tourner au préjudice de l'un ou de l'autre ; ne point être jaloux des avantages que peut avoir son voisin ; ne point chercher les siens propres à son préjudice. Si l'on est habitant d'une même Ville, ou d'un même Païs, s'unir pour la défense, & pour le bien commun ; sentir les evénemens qui peuvent tourner à l'avantage, ou au détriment de la societé dont on fait corps ; avoir le cœur sensible & compatissant sur tous les malheurs qui peuvent affliger nos pareils ; travailler à leur consolation, ou à leur soulagement ; donner de bonne foi à quiconque nous le demande de même, un conseil utile & salutaire ; regarder dans les cas, non d'option, mais de parité, tous les peuples comme un seul, & même peuple, & tous les hommes comme freres ; contribuer autant qu'on le peut, à la paix entre les societés particulieres ou publiques ; excuser ses pareils, quand ils ne péchent point par l'intention ; désarmer leur intention quand elle est mauvaise, sans esprit d'aigreur ni de vengeance ; regarder ceux qui s'affichent sans raison pour nos ennemis, ou qui se conduisent mal avec nous, comme plus à plaindre que nous ;

abandonner le ſoin de leur châtiment à leurs propres réflexions, & aux retours ſur eux-mêmes ; éteindre en notre cœur tous mouvemens de rancune ou de haine ; & nous préparer pour la fin de notre carriere la ſolide ſatisfaction d'avoir intérieurement conſervé la paix avec tous nos pareils. Tels ſont les principes qu'éxige l'eſprit de ſocieté fondé ſur la conſidération non interrompuë de notre origine, & de notre fin, & ſans leſquels on ne peut avoir cette paix avec ſoi-même, dont on a démontré dans la premiere partie que dépend le bonheur véritable & ſolide de l'homme. Car l'homme ne peut pas ſe décompoſer, & ſe diviſer en lui-même. Son intérieur ne peut pas joüir du bonheur de cette aſſiéte tranquille, s'il a manqué à quelqu'un des devoirs de la ſocieté ; comme il les aura remplis en vain pour ſa tranquilité, s'il a fait dans le particulier, quoique ſans préjudice de perſonne, quelque action contraire à la partie des devoirs qui n'ont rapport qu'à lui.

LXXIV. Quelque critique ou quelqu'un trop prévenu, quoique de bonne foi, contre l'humanité, ou trop humilié par la comparaison de lui-même avec ces differentes images, dira : voilà un tableau fait avec soin, mais d'après quoi est-il copié ? Voilà l'homme tel qu'il seroit à desirer qu'il fût; mais tel qu'il n'a jamais été & qu'il ne sera jamais. C'est la République de Platon. L'Auteur de notre origine a-t-il donné aux hommes des ressources assurées pour vaincre leurs propres foiblesses, & pour être parfaitement bons ? Il n'est pas douteux que pour la faculté de faire le bien, l'Auteur de notre origine ne nous a rien laissé à desirer. Il nous a donné pour cela les lumieres de la raison, & il leur a fixé un objet, en nous dictant des préceptes. Devons-nous nous en prendre à lui ? S'il nous arrive d'éteindre, ou d'obſcurcir cette lumiere, & de réſiſter au précepte ? Mais les paſſions nous ſollicitent, & ſouvent les objets nous déterminent. Il eſt facile de concevoir que les choſes ſenſibles font plus aiſément impreſſion ſur nous que celles qui ne tombant ſous aucun de nos ſens, demandent que pour en ſentir l'excellence, nous nous élevions au-deſſus de nous-mêmes. Auſſi quel mérite y auroit-il à nous, de faire le bien, ſi nous n'avions beſoin pour cela d'aucun effort ? Auroit-il été, ainſi qu'on l'a dit, dans l'ordre de la juſtice parfaite de l'Auteur de la nature, d'attacher à la pratique du précepte d'auſſi grandes récompenſes, que celles qu'il a promiſes, ſi l'attrait des choſes défenduës n'avoit pas été tel, que l'effort d'y réſiſter fût une occaſion, & un titre de mérite aux yeux de l'Etre ſuprême, toujours juſte lorſqu'il eſt le plus ſévere. Il ne faut que raiſonner pour ſentir cette vérité ; & elle eſt fondée d'ailleurs ſur l'entiere perſuaſion que nous devons avoir de la ſuprême perfection du Créateur.

LXXV. Sans doute aucun homme en particulier ne reſſemble au tableau que l'on a peint. Toutes les vertus dont on a tracé une eſquiſſe éxiſtent ; elles ſont répanduës entre tous les individus qui habitent cet univers, & elles ne réſident point enſemble dans un ſeul. Mais de ce que ce ſeroit un étre de raiſon, que d'imaginer un homme qui les poſſédât toutes : en eſt-il moins vrai qu'il devroit avoir au moins toutes les eſſentielles ? Ce ſeroit encore bien plus un être de raiſon que de vouloir un homme ſans défauts. Réellement cela ſeroit impoſſible. Un homme peut avoir en même-tems beaucoup de défauts, & beaucoup de vertus. Pour conſerver tout le luſtre de notre origine, & pour mériter le bonheur qui doit couronner la fin des justes, il faudroit être parfaitement vertueux ; mais il n'y a point d'homme qui ne s'écarte de ses devoirs en quelque chose, & qui n'y manque en quelque point. On a sans cesse besoin d'être averti pour éviter le naufrage. Les écueils sont fréquents, & les passions sont les vents qui nous y poussent, si par une manœuvre prévoyante & suivie nous ne leur résistons pas. L'homme doit-il se désesperer, parce qu'on lui trace l'image d'un homme tel qu'il faudroit qu'il fût pour être, s'il faut ainsi dire, parfait ? Non, il doit se regarder comme un homme qui médite un voyage extrêmement long, & rempli de beaucoup de hazards. Il s'arme de patience, en se faisant une juste idée de la longueur de la route ; il prend, contre les dangers qu'il envisage, toutes les précautions que la prudence peut suggérer ; s'il en arrive qu'il n'ait pas prévû ou qu'il n'ait pas pû prévoir, le courage, & la fermeté supléent à ce que la prévoyance n'a pas pû arranger.

LXXVI. Dans un cas de voyage, ne sçaurions-nous pas gré à quelqu un qui secondant notre prévoyance, nous instruiroit d'avance sur ce que nous n'aurions pas été en état de connoître par nous-mêmes. Notre amour-propre, loin d'en être blessé laisseroit sans doute, ou du moins devroit laisser agir la reconnoissance. Mais, dira-t-on, ne peut-il pas être permis de rougir, quand on voit devant soi un tableau, dont on devroit approcher, & dont cependant on sent combien on est éloigné? Sans doute ; & le contraire seroit, à mon sens, le plus mauvais signe du monde, & un fâcheux préjugé contre celui qui conserveroit à cette vûë un front inaltérable. Je croirois devoir bien augurer de l'intérieur qui s'annonceroit par cette espece de rougeur salutaire dont on vient de parler. La comparaiſon peut bien être humiliante pour quiconque voudra méditer ſur un ſemblable tableau; mais il n'eſt permis de murmurer contre le pinceau, ou contre celui qui l'a conduit, qu'à ceux ou que l'amour-propre peint à eux-mêmes comme parfaits, ou qui ſentant le beſoin de ſe réformer, ne voudroient pas l'entreprendre. Après tout ſur quoi le monde pourroit-il ſe plaindre du moraliſte ? S'il croit démontré qu'il n'y a pas un ſeul individu dans lequel toutes les vertus réſident, il ne penſe & ne dit point qu'il y en ait un ſeul dans lequel tous les vices ſoient, ni puiſſent être raſſemblez. Ce dernier eſt même plus phyſiquement impoſſible, pour ainſi dire, que le premier ; & la raiſon en eſt que toutes les vertus priſes dans leur principe ont toutes un caractére d'homogéneité, & que preſque tous les vices ont leurs oppoſez qui ne peuvent par conſéquent ſe trouver ou résider ensemble. C'est sans doute ce qui a fait dire si sensément à un ancien Auteur ces paroles si connuës : *Stulti dum vitant vitia in contraria currunt.* Ainsi c'est un pur préjugé que de penser qu'il soit plus difficile à l'homme, d'avoir beaucoup de vertus que beaucoup de vices ; & ce préjugé est uniquement fondé sur un autre non moins faux, que les hommes naissent vicieux & méchans. On en a démontré l'absurdité dans un des Paragraphes de la premiere Partie.

LXXVII. Ce sont effectivement les occasions qui séduisent les hommes ; & c'est par cette raison que les grands, & ceux qui sont absolument maîtres comme les Souverains sont plus exposez que les autres. Ils sont hommes de même, & quoique plus exposez aux occasions, ils n'ont cependant pas d'autre défense que celle qu'a le commun des hommes ; & ils sont attaquez plus vivement, &

par un plus grand nombre d'ennemis. Quand l'amour de la vertu n'est pas leur rempart, ils ont même un grand desavantage, c'est qu'étant au-dessus des obstacles, ils n'ont que la ressource du respect humain, & qu'ils ne sont retenus par rien qui soit extérieur à eux : au lieu qu'il n'y a point d'homme particulier qui ne trouve dans ses propres vûës, dans ses projets, ou dans ses espérances, quelque considération qui l'arrête, ou qui du moins de concert avec le respect humain lui conseille de cacher toute action honteuse ou repréhensible. A cette premiere réflexion joignons-en encore une autre qui doit nous faire sentir tout le poids attaché à cet état d'élevation. Songeons que nous ne sommes jamais dans le cas d'exercer à la fois tous les différens devoirs que l'on a annoncez comme devoirs de societé : au lieu que le Souverain n'est pas un instant de sa vie, sans les avoir tous à remplir à la fois. C'eſt un point central auquel ſe rapportent continuellement tous les raïons partant de la circonférence. Comme Souverain, il eſt ſans ceſſe & tout enſemble pere, enfant, parent, ami, & homme de ſocieté, puiſqu'il doit regarder ſon peuple comme un compoſé d'enfans, & d'amis auſquels il ſe doit tout entier.

LXXVIII. Garder le territoire qui forme ſon Etat ; ſoutenir les loix pour apprendre à ſes Sujets à les reſpecter ; proteger l'opprimé contre le tyran particulier ; confondre l'injuſtice, & faire triompher l'équité ; conſoler les affligés, ſoulager les malheureux, ſecourir la veuve & l'orphelin, défendre le bien de ſes Sujets, le ménager même dans les beſoins publics autant qu'il eſt poſſible ; être avare du ſang de ſes peuples ; gémir ſur les maux, même néceſſaires qui peuvent tomber ſur eux, leur en diminuer le poids auſſi-tôt, & autant qu'il le peut ; employer ſon autorité à faire rendre à chacun par chacun ce qui lui eſt dû ; châtier ſévérement le crime, récompenſer les ſervices rendus à l'Etat, & les bonnes actions, être acceſſible à tout le monde, & populaire, autant que le peut permettre la dignité bien entenduë ; éloigner le menſonge d'auprès de ſoi, proſcrire la flatterie ; être ſenſible à la perte de ſes bons ſerviteurs ; pardonner à ceux qui n'ont péché ni par l'intention, ni par le cœur ; ne point craindre de connoître la miſere dans toute ſon étenduë, pour travailler d'autant mieux à en adoucir les horreurs ; gerer la choſe publique avec la même attention qu'un bon Pere de famille donne à ſes propres affaires ; ne point prendre de réſolutions précipitées ; ſçavoir revenir ſur ſes pas quand on s'apperçoit qu'on a été trop loin ; ne compter ſon perſonnel pour rien, & ſe défier même de ses mouvemens intérieurs dans les grandes déterminations, qui de la part des bons Princes, ont toujours pour objet le bien public, & la félicité des peuples : tout cela ne fait-il pas, ou ne doit-il pas faire l'occupation continuelle d'un Prince qui veut devenir l'objet de la bénédiction de ses Sujets. Or, tous ces différents devoirs réunis ensemble sont du grand au petit, les mêmes dont une partie se trouve attachée à chaque état, & à chaque condition particuliere. Il faudroit donc, pour qu'un Prince fût parfait, qu'il rassemblât toutes les qualités, dont quelques-unes, essentielles seulement, peuvent suffire pour donner bonne opinion d'un particulier. Nous ne demandons point à un homme qui n'est pas marié, d'être bon mari ; à celui qui n'a point d'enfans, d'être bon pere ; à un homme sans bien, & sans crédit de faire des essais ou des efforts de richesse ou de bienveillance. Pour le Prince, on lui déſire toutes ces qualités ſans exception, parce que l'étenduë de ſon pouvoir doit pour le bien ſe porter ſur tous les objets, & ſur toutes les conditions. Si ce n'eſt pas directement, c'eſt au moins par le miniſtére des Loix, & enſuite par la diſtribution des graces. On n'a donc pas eû tort de dire qu'on devoit à cet état plus d'indulgence qu'à aucun autre ? On eſt convenu qu'il n'y avoit point, & qu'il ne pouvoit pas y avoir d'homme parfait. Or il faudroit l'être pour remplir toujours toutes les obligations que l'on vient de retracer. Que peut-on donc raiſonnablement demander à ſes Maîtres ? C'eſt qu'ils examinent eux-mêmes, autant que cela ſe peut, que ſur les détails qu'ils ne peuvent point embraſſer, ils ſe rapportent à des gens d'une probité connuë, & qu'ils les confirment dans la pratique de la juſtice, en ſe faiſant connoître

noître sans cesse amateurs du bien si constants, & si decidez, qu'on soit certain que c'est le seul, & unique moïen de leur plaire. Si nous croïons que la foiblesse humaine nous autorise à excuser ce qui ne part ni de mauvaise intention, ni d'aucune corruption du cœur: serons-nous moins indulgents en jugeant ceux dont l'attention se partage nécessairement en un nombre prodigieux d'objets, & qui sont plus exposez à l'erreur, parce que la révolution des jours est trop rapide pour avoir le tems de tout approfondir? Ce seroit être contradictoire avec les principes, & avec soi-même. J'avoüe que sur cela les critiques ou les frondeurs de profession me semblent bien injustes, ou bien aveugles, ou bien précipitez dans leurs jugemens. En effet, combien dans une grande administration n'éclate-t-il pas d'opérations, que l'on ne critiqueroit pas, si l'on avoit pû connoître les causes

& la verité des circonstances? Combien de fois même n'arrive-t-il pas qu'en matiere d'Etat, on est forcément obligé à faire un petit mal, pour en éviter un plus grand ? Ceux qui blâment ce petit mal, parce qu'ils n'ont pas pû tout combiner, seroient les premiers approbateurs sans doute, s'ils avoient connu le véritable motif. Mais revenons sur cela à ce qui est dans l'homme ; il est porté à la critique en général par amour-propre, & par jalousie, il blâme volontiers tout ce dont il n'est pas l'auteur, ou l'instrument principal. Pour moi, je plains sincérement les Princes en ce qu'obligez de commander aux autres hommes, ils ne peuvent pas les satisfaire tous, parce que la plûpart sont injustes.

LXXIX. Plus je reflêchis sur les devoirs des Souverains, & plus je me confirme dans cette verité. L'étenduë de leurs obligations est capable d'effrayer l'homme le plus asſuré, & le plus confiant. Rien ne m'a fait en ce genre une ſi forte impreſſion qu'une instruction de Charles Roi de Suéde à ſon Fils Guſtave Adolfe. Comme elle m'a paru un chef-d'œuvre de ſageſſe, j'ai penſé qu'on me ſçauroit gré de l'avoir inſerée ici.

*Il faut premierement ſçavoir, qu'une Couronne eſt bien peſante, ſi les fidéles Serviteurs du Prince qui la porte, & l'amour de ſes Peuples n'en ſoutiennent une partie, & ſa vertu l'autre.*

2. *Qu'il ne faſſe jamais faire par ſes Lieutenans, ce qu'il pourra dignement faire lui-même.*

3. *Qu'il voye tout, qu'il écoute tout, & que par ſa prudence & par ſa bonté il pourvoye à tout.*

4. *Qu'il n'ait pour confidens que des hommes ſages, deſintereſſez, & qu'il connoitra gens de bien.*

5. *Que d'habiles hommes faſſent*

*tous les ans le tour de l'Europe, pour attirer à son service les personnes les plus renommées en toutes sortes de professions.*

6. *Qu'il apprenne diverses langues pour aimer plusieurs Nations, & se faire aimer d'elles.*

7. *Qu'il forme son jugement dans les sciences & connoissances nécessaires, pour mieux faire la difference du juste d'avec l'injuste, du vrai d'avec le faux, & de l'apparent d'avec le véritable.*

8. *Qu'il tâche par sa douceur & son humanité à s'acquerir les cœurs de tout le monde.*

9. *Qu'il ait le visage ouvert & le cœur ferme; & que son procédé paroisse en toutes ses actions loyal, & convenable à sa dignité.*

10. *Si le Prédécesseur du Prince, ou lui-même s'est relâché pour l'observation des Loix de son Royaume, par la mauvaise conjoncture des tems, qu'il ne balance point de les rétablir*

*dans leur premier lustre sitôt qu'il le pourra ; personne ne pouvant avec justice trouver à redire, qu'il assujettisse les personnes & les choses aux Loix de son Etat.*

11. *Qu'il employe toutes ses finesses & son industrie à n'être ni trompé, ni trompeur.*

12. *Que pour se rendre capable de dompter & d'assujettir les Tirans, il commence à dompter ses passions.*

13. *Qu'il ne se rebute point du travail, & de la peine dans les commencemens, & il s'y accoutumera insensiblement. Et en partageant ses heures pour l'administration des affaires de son Etat, il aura du tems suffisament pour y vaquer, & prendre d'honnêtes divertissemens.*

14. *Que son Royaume soit estimé le refuge & l'asyle des Princes opprimez; & que son épée jointe à sa réputation, ait l'avantage & la gloire de les rétablir en leur grandeur.*

15. *Qu'il tende la main à la Veuve,*

*qu'il secoure l'Orphelin, qui attendent de sa bonté, & de sa justice, qu'il ne souffrira point qu'ils soient opprimez dans leur malheureuse condition.*

16. *Que le Prince non-seulement considere, mais encore qu'il examine, lorsqu'on rend de bons ou de mauvais offices à quelqu'un, si c'est par principe de haine ou d'amitié, ou par pur attachement à son service, en l'avertissant pour qui il doit avoir de l'estime ou de la défiance : la Cour & ceux qui la fréquentent étant remplis d'ordinaire d'envies, de suppositions & d'artifices.*

17. *Qu'il sçache que le sang innocent répandu, & celui du méchant conservé, crient également vengeance.*

18. *Qu'il abatte le sourcil de l'orgueilleux & de l'impudent, & qu'il fasse du bien aux humbles & aux timides.*

19. *Qu'il se souvienne qu'il n'est pas moins important de punir que de récompenser, pour la conservation & le maintien de son Etat.*

20. *Que sa liberalité ne tende jamais à la profusion ; & que ses bienfaits soient toujours départis avec choix & mesure.*

21. *Qu'il regarde avec autant d'aversion & de mépris les flatteurs que les traîtres. Qu'il considere les fainéans & les oisifs comme morts, & fasse aussi peu de cas des mutins & des menteurs.*

22. *Que sa bienveillance accompagnée d'une certaine familiarité mesurée, n'imprime que de l'amour & du respect ; & que sa colere, quand il est contraint de la faire éclater, cause de la frayeur, & de l'amendement.*

23. *Qu'il ne paroisse jamais inquiet, ni chagrin, si ce n'est lorsque quelqu'un de ses bons serviteurs sera mort, ou tombé dans quelque grande faute.*

24. *Qu'il excuse & pardonne plutôt la faute que la flatterie.*

25. *Qu'il soit accessible, affable, porté à la clemence, sans ressentiment & sans fiel.*

26. *Que la verité pénetre, & soit reçûë dans les lieux les plus secrets & les plus retirez de son Palais, d'où la plûpart des Princes souffrent souvent qu'elle soit bannie.*

27. *Qu'en témoignant son déplaisir, il efface avec dextérité les cicatrices des playes causées par les impots dans le cœur de ses Peuples, quoique donnez souvent au besoin de l'Etat & à la nécessité publique.*

28. *Que dans sa Cour & dans ses armées, l'Etranger ne soit point rebuté; mais qu'il y soit consideré avec quelque sorte de difference des naturels sujets du Prince.*

29. *Qu'une chaste couche soit l'adoucissement de l'amertume de sa vie.*

30. *Qu'il demande à Dieu des enfans vertueux, ou point.*

31. *Que dans les Provinces de nouvelle conquête il mette des personnes qui ayent les mains pures, & qui soient de facile accès.*

32. *Enfin qu'en toutes ses actions il*

*se conduise de telle sorte, qu'il soit avoüé de Dieu, en donnant à tout le monde des marques certaines de sa prud'homie & de sa bonne conscience.*

LXXX. L'esprit d'interêt, ce fléau de presque tous les moments de la vie, influë encore beaucoup sur les suffrages que nous accordons aux Maîtres & aux Chefs de Gouvernement. Chacun loüe celui dont il a reçu des bienfaits, & qui lui a procuré des graces ; on en a vû des exemples portez jusqu'au plus étrange aveuglement. Car on s'accoutume peu-à-peu à adopter de bonne foi des préjugez décidez, que quelque motif d'interêt a conseillé de donner comme des verités physiques. C'est de cette maniere que d'anciens menteurs cessent réellement de l'être, parce qu'ils en viennent au point de ne pas sçavoir, pour ainsi dire, qu'ils mentent. C'est à quoi conduit l'habitude de l'éxagération, qui prend tellement ſur les hommes, qu'ils ne ſçavent, ni ne peuvent jamais reſter dans le ſimple. Un tel Prince a été le plus grand Prince du monde. Un tel Miniſtre a été le plus habile homme de notre ſiecle : il y a toujours quelqu'un à qui l'on entend tenir ces ſortes de propos. Examinez pourquoi ; c'eſt que par les graces qu'il nous a faites, il a ſatisfait notre interêt, ou flatté notre amour-propre. Car il s'en faut bien que de pareils ſuffrages ſoient fondez ſur un examen ſuivi & éclairé, dont il ſe pourroit que l'on fût capable ; mais que ſouvent l'on n'a pas été à portée de faire, parce qu'on ne peut pas toujours ce qu'on voudroit le plus ſincerement. N'y auroit-il pas, dira-t-on, de l'ingratitude à ne pas bien parler de quelqu'un qui nous a fait du bien ? Oui ſans doute, à en parler mal ; d'autant plus qu'il y a des degrés qui doivent toujours être ſacrés pour nous ;

mais n'y a-t-il donc pas de milieu entre loüer & blâmer ? N'y a-t-il pas le parti du silence ? Et l'aveu, auquel on ne doit jamais se refuser que l'on a reçû des bienfaits, ne devient-il pas pour nous un objet de loüanges, & un mérite, quand nous nous abstenons de nous joindre à ceux qui, bien que faussement, pensent n'avoir pas les mêmes raisons d'être circonspects.

LXXXI. On croit pouvoir se dispenser de porter actuellement plus loin ces pensées diverses sur l'homme. Il peut être consideré sous tant de faces différentes ; il peut être dévelopé de tant de façons, qu'il y auroit des volumes entiers à écrire, si chacun vouloit seulement s'attacher à peindre ceux qu'il connoît plus ou moins particulierement ; & l'on pourroit parier, je pense, qu'il n'y auroit pas deux de ces portraits qui se ressemblassent. Je conçois que cette façon d'écrire l'histoire du monde vivant, pourroit être amuſante pour bien des gens ; mais il eſt, en ce genre, des choſes qui doivent être plus ſacrées, que n'étoient les myſteres de la bonne Déeſſe ; auſſi ne ſçais-je rien de plus blamable que le goût de la Satyre. C'eſt toujours pour ſoi-même, & pour ſe ſatisfaire, qu'on ſe voüe à ce genre d'écrire, & non dans la vûë de corriger les hommes. Les Anciens ont ſi bien compris cette verité, qu'ils ont inventé d'autres moyens de corriger les hommes ; telle eſt l'allégorie, la fable & le poëme dramatique. Ils ont ſenti que revolter l'amour-propre étoit un mauvais moyen de mener les hommes au bien, & qu'il ſuffiſoit qu'ils puſſent ſe reconnoître dans certaines actions ou peintures générales, ſans être obligez d'avoüer que telle ou telle partie étoit leur portrait au naturel. En voyant retracés les différents défauts, dont en général les hommes ſont ſuſceptibles, ce ſera à chacun à s'examiner, ſans être tenu, pour ainſi dire, à une confeſſion générale. Et comme en même-tems on a tâché d'indiquer la route du bien : ceux qui y ſeront déja, trouveront en liſant ces penſées diverſes, de quoi ſe ſatisfaire en pluſieurs endroits. Mais on ne demande point même à ceux-ci de ſçavoir au peintre aucun gré des traits en beau dans leſquels ils croiront trouver leur reſſemblance. Il ne faut point attendre plus que ce à quoi l'on a prétendu. Heureux ſi cet ouvrage, où l'on ne s'eſt propoſé que d'examiner l'homme en général, peut être utile à quelqu'un, & ſi moi - m me j'en puis profiter.

FIN.

## *APPROBATION.*

J'Ay lû par Ordre de Monseigneur le Chancelier un Manuscrit portant pour Titre : *Pensées diverses sur l'Homme*, & j'ai crû que l'Impression en seroit utile au Public. A Paris ce 9. May 1738.

DU RESNEL.

---

## *PRIVILEGE DU ROY.*

LOUIS par la grace de Dieu Roy de France & de Navarre : A nos amez & feaux Conseillers les gens tenans nos Cours de Parlement, Maîtres des Requêtes ordinaires de notre Hôtel, Grand Conseil, Prévôt de Paris, Baillifs, Sénéchaux, leurs Lieutenans Civils, & autres nos Justiciers qu'il appartiendra ; SALUT. Notre bien amé JEAN-LUC NYON fils, Libraire à Paris, nous ayant fait remontrer qu'il souhaiteroit faire imprimer & donner au public, *Pensées diverses sur l'Homme, les Sermons & Homelies du sieur Abbé de Paris*, s'il nous plaisoit lui accorder nos Lettres de Privilege sur ce necessaires ; offrant pour cet effet de les faire imprimer en bon papier & beaux caracteres, suivant la feuille imprimée & attachée pour modele sous le Contrescel des Presentes : A CES CAUSES, voulant traiter favorablement ledit exposant, Nous lui avons permis & permettons par ces Presentes de faire imprimer lesdits Livres ci-dessus specifiées en un ou plusieurs volumes, conjointement ou separément, & autant de fois que bon lui semblera, & de les vendre, faire vendre & debiter par tout notre Royaume, pendant le temps de *six* Années consecutives, à compter du jour de la date desdites Presentes : Faisons défenses à toutes sortes de Personnes de quelque qualité & condition qu'elles soient, d'en introduire d'impression étrangere dans aucun lieu de notre obéïssance; comme aussi à tous Libraires, Imprimeurs & autres, d'imprimer, faire imprimer, vendre, faire vendre, debiter ni contrefaire lesdits Livres ci-dessus exposez en tout ni en partie, ni d'en faire aucuns extraits sous quelque prétexte que ce soit d'augmentation, correction, changement de titre ou autrement, sans la permission expresse & par écrit dudit Exposant ou de ceux qui auront droit de lui, à peine de confiscation des Exemplaires contrefaits, de trois mille livres d'amende contre chacun des contrevenans, dont un tiers à l'Hôtel-Dieu de Paris, l'autre tiers audit Exposant, & de tous dépens, dommages & interêts; à la charge que ces Presentes seront enregistrées tout au long sur le Registre de la Communauté des Libraires & Imprimeurs de Paris, dans trois mois de la date d'icelles; que l'impression de ces Livres sera faite dans notre Royaume & non ailleurs, & que l'Impetrant se conformera en tout aux Reglemens de la Librairie; & notamment à celui du dix Avril mil sept cent vingt-cinq, & qu'avant que de les exposer en vente, les manuscrits ou imprimez qui auront servi de copie à l'impression desdits Livres, seront remis dans le même état où les Approbations y auront été données, és mains de notre tres-cher & feal Chevalier le Sieur Daguesseau Chancellier de France, Commandeur de nos Ordres; & qu'il en sera ensuite remis deux Exemplaires de chacun dans notre Bibliotheque publique, un dans celle de notre Château du Louvre, & un dans celle de notredit tres-cher & feal Chevalier le Sieur Daguesseau, Chancelier de France, Commandeur de nos Ordres; Le tout à peine de nullité des Presentes, du contenu desquelles vous mandons & enjoignons de faire joüir l'Exposant ou ses ayans causes, pleinement & paisiblement, sans souffrir qu'il leur soit fait aucun trouble ou empêchement. Voulons que la copie desdites Presentes qui sera imprimée tout au long au commencement ou à la fin desdits Livres, soit tenuë pour dûëment signifiée, & qu'aux copies collationnées par l'un de nos amez & feaux Conseillers & Secretaires, foy soit ajoûtée comme à l'original. Commandons au premier notre Huissier ou Sergent de faire pour l'execution d'icelles tous actes requis & necessaires, sans demander autre permission, & nonobstant clameur de Haro, Charte Normande & Lettres à ce contraires:

CAR tel est notre plaisir. DONNÉ à Paris le septiéme jour du mois de Juin, l'an de grace mil sept cent trente-huit, & de notre Regne le vingt-troisiéme. Par le Roy en son Conseil. SAINSON.

J'AY cédé à Monsieur Didot la moitié au present Privilege pour les *Homelies & Sermons du Sieur Abbé de Paris*, seulement. A Paris le 9. Juin 1738. NYON fils.

*Registré ensemble la Cession ci-derriere sur le Registre X. de la Chambre Royale des Libraires & Imprimeurs de Paris*, N. 57. *fol.* 50. *conformément aux anciens Reglemens, confirmé par celui du* 28 *Fevrier* 1728 *A Paris le* 11 *Juin* 1738. LANGLOIS, *Syndic.*

www.ingramcontent.com/pod-product-compliance
Lightning Source LLC
LaVergne TN
LVHW021234170726
843501LV00003B/786
*9782329460642*